Otto Ribbeck

Kolax

Otto Ribbeck

Kolax

ISBN/EAN: 9783744643160

Hergestellt in Europa, USA, Kanada, Australien, Japan

Cover: Foto ©ninafisch / pixelio.de

Weitere Bücher finden Sie auf **www.hansebooks.com**

KOLAX.

EINE ETHOLOGISCHE STUDIE

VON

OTTO RIBBECK,

MITGLIED DER KÖNIGL. SÄCHS. GESELLSCHAFT DER WISSENSCHAFTEN.

Des LX. Bandes der Abhandlungen der philologisch-historischen Classe der Königl. Sächsischen Gesellschaft der Wissenschaften

№ I.

———

LEIPZIG

BEI S. HIRZEL.

1883.

KOLAX

EINE ETHOLOGISCHE STUDIE

VON

OTTO RIBBECK

MITGLIED DER KÖNIGL. SÄCHS. GESELLSCHAFT DER WISSENSCHAFTEN.

Abhandl. d. K. S. Gesellsch. d. Wissensch. XXI.

I.

Über die Grundbedeutung des Wortes κόλαξ geben uns die Alten direct keine brauchbare Auskunft: nur als Scherze, theils bewusste, theils unbewusste, können Ableitungen gelten wie die von κόλον, τροφή[1]), oder von κολλᾶν[2]). Zwar würde der ersteren von formaler Seite kein Bedenken entgegenstehn. Denn jedenfalls wird doch unser Wort in die Reihe jener theils adjectivisch, theils substantivisch gebrauchten Bildungen gehören, durch welche der Begriff eines Stammnomens in manchen Fällen gesteigert, in andern gleichsam verkörpert wird: λίθαξ (steinig, Edelstein) von λίθος, κώμαξ (ausgelassen) von κῶμος, βῶμαξ = βωμολόχος und subst. Nebenform von βῶμος, πλοῦταξ (Nabob) von πλοῦτος, στόμφαξ (Grossmaul) von στόμφος, σύρφαξ (Kehrichthaufen) von σύρφος, θαλάμαξ (= θαλαμίτης, Ruderer) von θάλαμος, φόρταξ (Lastträger) von φόρτος; ferner μύλαξ (Mühlstein) von μύλη, στύπαξ (Seiler) von στύπη, πόρπαξ von πόρπη, χαπάναξ von καπάνη u. s. w.[3]). So könnte auch κόλαξ entweder von κόλος (Brocken) oder von κόλον (Darm) abgeleitet werden und für den κόλαξ der Komödie sogar in recht angemessenem Sinne. Entschiedenen Einspruch aber erhebt das, soweit uns bekannt, älteste Beispiel des Gebrauchs bei Alkman. In einem Parthenion, wo zwei Jungfrauen mit einander verglichen werden, heisst es nach neuer-

---

1) Athenaeus VI p. 262 A ψωμοκόλαξ . . . κυρίως δ' ὁ κόλαξ ἐπὶ τούτου κεῖται. κόλον γὰρ ἡ τροφή, ὅθεν καὶ ὁ βουκόλος καὶ ὁ δύσκολος . . . κοιλία τε ἡ τὴν τροφὴν δεχομένη.

2) Athenaeus VI p. 258 B Ἀνδροκύδης δ' ὁ ἰατρὸς ἔλεγε τὴν κολακείαν ἔχειν τὴν ἐπωνυμίαν ἀπὸ τοῦ προσκολλᾶσθαι ταῖς ὁμιλίαις. ἐμοὶ δὲ δοκεῖ διὰ τὴν εὐχέρειαν, ὅτι πάντα ὑποδύεται κτλ. Über den Gebrauch von κολλᾶν in den Schriften περὶ φιλίας G. Heylbut de Theophrasti libris περὶ φιλίας (Bonn 1876) S. 21 A. 1.

3) Bei Lobeck Pathol. prol. 447 Paralip. 125—141. 275 ff., der aber κόλαξ in seine Sammlung nicht mitaufgenommen hat: vgl. Pathol. prol. 317 f. 447 A. 20.

1*

dings festgestellter Lesung[1]): Ἀγχιαγόρα μὲν αὖτα· | ἁ δὲ δευτέρα πεδ᾽ Ἀγιδὼν τὸ εἶδος | ἵππος εἰβήνῳ κόλαξ ἀὲς δραμεῖται κτλ., die zweite wird der anderen unmittelbar auf der Ferse folgen, wie das Pferd dem Lakonischen Jagdhunde, als κόλαξ, d. h. natürlich weder als Schmeichler noch als Schmarotzer, sondern nach einzig möglicher Auffassung als untrennbarer, treuer B e g l e i t e r. So werden wir auf Bildungen wie βουκόλος, θεοκόλος (= ἱέρεια: Hesychius , das elische θεηκόλος[2] geführt, womit schon Lobeck[3] die αἰγικορεῖς zusammengestellt hat. Dass dem Stamme κολ[4]) der Begriff der B e w e g u n g eigen ist, bezeugen die Glossen κολεῖν· ἐλθεῖν; κολέα· ποιά τις ὄρχησις; κολιάσαι· ὀρχήσασθαι; κολαβρίζειν· σκιρτᾶν; κολετρῶσαι· καταπατοῦσιν; κολοφρόν· ἐλαφρόν; κολόκυμα· τὸ κολοβὸν κῦμα — — ἢ τὸ κολίον καὶ ἐπιφέρον (schol. Aristoph. eq. 692) u. s. w. Auch der Vogel κολοιός mag von seiner Beweglichkeit den Namen tragen, und κολῳός = θόρυβος, ἀταξία, ταραχή zunächst das wirre Durcheinander von Menschen und Stimmen bedeuten. So wird εὔκολος und δύσκολος ursprünglich den leichtbeweglichen und den schwerfälligen ausgedrückt haben. Wenn aber βουκόλος der begleitende Hüter seiner Rinder, der θεοκόλος der dienende Gefährte und Pfleger des Gottes ist (dei cultor, deicola), so muss κόλαξ den Begleiter (adsecula) in eminentem Sinne bedeuten. Diese Auffassung wird vollkommen be-

---

1) Fr. 23 V. 59 (poet. lyr. Gr. rec. Bergk[4] vol. III p. 44). Im Papyrus steht von erster Hand nach letzter Lesung von Blass: ΙΠΠΟϹΕΙΒΗΝΩΙΚΟΛΑΞΑΙ-ΕϹΑΡΑΜΕΙΤΑΙ. »Das Ι nach ΞΑ ist durch einen dicken Querstrich getilgt; ob dann weiter Ε oder Ο folgt, ist nicht zu erkennen.« Blass schlug vor (vgl. Hermes XIII 28): κόλαξ ἀὲς oder κ. ὅος. Ich ziehe das erstere vor. Bergk schreibt in der letzten Ausgabe κολαξαῖος und versteht ein Pferd des Skythenkönigs Kolaxais (Herodot IV 5. 7), welches berühmt gewesen sei durch seine Schnelligkeit. Aber weder hiervon noch überhaupt von dem Marstall jenes Königs ist etwas bezeugt. Der Einwand »poterat canis equi minister, non equus canis comes dici« ist hinfällig, wenn man sich veranschaulicht, wie der spürende Jagdhund dem Pferd voranläuft.

2) Pausanias V 15, 10 Lucian Alex. 44. Inser. Graecae antiquiss. n. 109 Z. 6: ὅστιρ τόκα θεοκολέοι. Pausanias V 15, 7: ἔστι δὲ πρὸ τοῦ καλουμένου θεηκολεῶνος οἴκημα.

3) Phryu. p. 652.

4) Curtius Etym. 470 nimmt eine alte Wurzel κᾰν an (sich regen, gehen, verkehren), von der sowohl κολ (in βουκόλος u. s. w. und colere) als πολ (in αἰπόλος; θεηκολεῖν u. s. w.) abstammen.

stätigt, wenn wir in dem Bruchstück aus einer Elegie[1]) des Asios
von Samos, eines gleichfalls sehr alten[2]) Dichters, folgende Schilderung eines ungeladenen Gastes lesen, der zu einer Hochzeit
kommt:

> χωλὸς, στιγματίης, πολυγήραος, ἴσος ἀλήτη
> ἦλθεν κνισοκόλαξ, εὖτε Μέλης ἐγάμει,
> ἄκλητος. ζωμοῦ[3]) κεχρημένος, ἐν δὲ μέσοισιν
> ἥρως εἰστήκει βορβόρου ἐξαναδύς.

Die satirischen Verse sind von Welcker[4]) schön erklärt worden.
Der Dichter spottet der alten Zunft der Rhapsoden, der Tafel-
sänger, als deren Heros Eponymos die derb populäre Legende den
Κρεώφιλος (Bratenfreund), später in Κρεώφυλος umgebildet, feierte.
Ein Genosse derselben, der dem Bratenduft nachgehende, erscheint
nun bei der Hochzeit des Smyrnäischen Flussgottes, aus dessen Ehe
mit der Nymphe der göttliche Homeros entspriessen sollte. In ver-
ächtlicher Bettlergestalt, hinkend, gebrandmarkt wie ein Sclave, und
hochbetagt lässt der spöttische Dichter den ungeladenen Gast unter
die erlauchte Versammlung treten, ein Vorbild in manchen Zügen
des hungrigen, demütigen Schmarotzers späterer Zeit.

Grade im Osten, auf den Inseln und dem kleinasiatischen Fest-
lande, scheint der Ausdruck κόλαξ zunächst heimisch gewesen und
als Titel für eine besondere Classe von Hofbeamten, die zum
Gefolge des Fürsten gehörten, verwendet zu sein. Über diesen
Stand hat Klearchos von Soloi, der Schüler des Aristoteles,
der in seiner Schrift Gergithios Geschichte und Spielarten der
κόλακες darstellte, wichtige Mittheilungen gemacht, die wir in dem
grossen Bruchstück bei Athenaeus[5]) lesen. Namentlich gab es auf
Kypros ein Geschlecht altadliger κόλακες, die im vertrautesten
Dienst des jedesmaligen Herrschers geradezu eine erbliche Stellung

---

1 Bei Athenaeus III p. 125 D.

2 Jünger immerhin als Kallinos und Archilochos, die ältesten elegischen Dichter:
Markscheffel Hesiodi ... fragmenta p. 260.

3 ζωμοῦ?

4 Epischer Cyclus I² 135 f.; vgl. Griech. Götterlehre III 17.

5 VI 67 p. 255 C: Κλέαρχος δ' ὁ Σολεὺς ἐν τῷ ἐπιγραφομένῳ Γεργιθίῳ
καὶ πόθεν ἡ ἀρχὴ τοῦ ὀνόματος τῶν κολάκων παρῆλθε διηγεῖται κτλ.

einnahmen [1]), so geheim, dass man weder ihre Zahl noch ausser von den hervorragendsten ihre Gesichter kannte. Ihr Stammsitz war Salamis. Dort theilten sie sich in zwei auch verwandtschaftlich getrennte Gruppen, jede mit besonderer Function: man könnte nach orientalischem Sprachgebrauch sagen, die einen dienten als A u g e n (ὀφθαλμοί), die anderen als O h r e n (ὦτα) des Königs [2]). Diese (γεργῖνοι genannt [3]) mischen sich als Spione unter die Bürger in den Werkstätten und auf den Märkten, erlauschen deren Reden, und hinterbringen was sie gehört haben jeden Tag den sogenannten ἄνακτες, den königlichen Prinzen [4]). Die anderen (προμάλαγγες) untersuchten dann weiter was genauerer Nachforschung werth schien. Als eine Art K a m m e r h e r r e n fungirten die drei κόλακες, welche nach Klearchs Bericht jener junge König auf Kypros, ein Paphier von Herkunft, um sich hatte. Einer sass am Fussende des silbernen Bettes und hielt die Füsse des Jünglings in dünne Schleier gewickelt auf seinen Knieen; der andere sass auf einem Sessel daneben, hielt die herabhängende Hand desselben, kühlte sie, zog und streckte jeden Finger; der dritte und vornehmste stand zu Häupten, auf die Kissen niedergebeugt, und ordnete mit der linken die Frisur des hohen Herrn, während er mit einem Fächer in der rechten ihm Luft zuwehte. Da kam eine Fliege und biss den König: der κόλαξ, der nicht wagte sie mit dem Fächer zu verscheuchen, schrie laut auf und verjagte dadurch nicht nur die eine, sondern alle übrigen Fliegen, die im Gemach waren [5]). Einer der κόλακες hat die Pflicht, dem König auf der Strasse zu folgen, und es ist wunderlich anzusehen wie er Haltung und Geberde desselben, auch den Wurf des Gewandes nachahmt [6]). Auch κολακίδες hat es vor Zeiten auf Kypros

---

1) Athenaeus a. O. p. 255 F: παραδεδεγμένοι δ' εἰσὶ πάντες οἱ κατὰ τὴν Κύπρον μόναρχοι τὸ τῶν εὐγενῶν κολάκων γένος ὡς χρήσιμον. πάνυ γὰρ τὸ κτῆμα τυραννικόν ἐστι.

2) Vgl. Xenophon Kyrop. VIII 2, 10 f.

3) Vgl. Hesychius: γεργῖνος· διάβολος. Über die Stadt Ἔργινα, Γέργις, Ἔργιθα in der Troas: Athenaeus VI 68 p. 256 D Strabo XIII p. 589 Stephanus Byz. s. v.

4) Vgl. Aristoteles Κυπρίων πολιτεία (fr. 111 Rose) bei Harpokration s. v. ἄνακτες.

5) Klearch bei Athenaeus VI p. 255 E. 256 F.

6) Ebenda p. 254 A.

gegeben, die den Prinzessinnen (ἄνασσαι) so zu sagen als Hofdamen
untergeben waren[1]. Von da auf das Festland verpflanzt an die
Höfe des Artabazos und seines Schwagers Mentor[2], sowie nach
Syrien, dienten sie den Frauen der Fürsten mit ihren Rücken als
Stufen einer Leiter, um den Wagen zu besteigen, daher κλιμαχί-
δες genannt[3]. Zu noch schwählicheren Dingen wurden jene κολα-
χίδες von den Fürstinnen in Makedonien verwendet[4]. Von Kypros
ist nach Klearchs Ansicht der Samen der κόλαχες weiter in die Welt
verbreitet[5], nur dass sie hier und da mit synonymen Wörtern benannt werden: φίλοι, ἑταῖροι, συνήθεις, συμβίωτοι, lauter
Namen, welche die oben aufgestellte Grundbedeutung bestätigen.
Bis in die homerische Zeit verfolgte Demetrios von Skepsis (im
Τρωικὸς διάκοσμος?) die Spuren dieses Verhältnisses: so erkennt er
in dem Troer Podes, der (P 575) als φίλος εἰλαπιναστής und ἑταῖρος des Hektor gerühmt wird, den κόλαξ, und findet es entsprechend,
dass jener von Menelaos grade am Bauch verwundet wird[6]. Wie
bei den Parthern die Stellung eines solchen Gesellschafters um die
Mitte des zweiten Jahrh. v. Chr. aufgefasst wurde, erzählte Poseidonios von Apamea im 5. Buch seiner ἱστορίαι. Der sogenannte
φίλος habe keinen Platz am königlichen Tische, sondern sitze auf
der Erde zu Füssen des Königs, der auf hohem Polster liege. Er
esse wie ein Hund was ihm vom Herrn zugeworfen werde. Oft
werde er aus irgend einer zufälligen Ursache vom Mahl weggerissen
und gepeitscht: blutrünstig falle er dann vor seinem Züchtiger auf
den Boden und beweise ihm seine Verehrung[7]. Derselbe Schrift-

---

1) Athenaeus VI p. 256 C.
2) Ebenda 69 p. 256 C.
3) Plutarch über den Unterschied zwischen Schmeichler und Freund p. 50 c
(116 H.), Valerius Maximus IX 1, 7, offenbar nach Klearchos. Ihre Colleginnen
auf Samos, welche gleichfalls ihren vornehmen Herrinnen beim Besteigen des
Wagens nur in weniger sclavischer Weise behülflich zu sein hatten, hiessen ἐπιω-
στρίδες· αἱ κατὰ Σάμον ταῖς γυναικὶ τὴν δεξιὰν χεῖρα ἐπέχουσαι κατὰ τὴν
ὀσφύν (Hesychius). Die Worte sind schon von Casaubonus richtig erklärt, weniger
von Meineke bei M. Schmidt.
4) Athenaeus VI p. 256 E.
5) Ebenda p. 256 B.
6) Ebenda p. 236 D; s. Gaede: Demetrii Scepsii quae supersunt fr. 71.
7) Athenaeus IV p. 152 F (fr. hist. Gr. III p. 254 fr. 8 M.).

steller bezeichnet als Parasiten der Kelten ihre Barden, welche als συμ-
βιωταί das Heer im Kriege begleiteten und selbstgedichtete Lobgesänge
vor ganzen Versammlungen wie vor Einzelnen mit Gesang vortrugen [1]).
Aus diesen Andeutungen ergiebt und erklärt sich, wie von Alters
her und im eigentlichen Sinne dieser Stand als ein offiziell anerkannter
vorzugsweise an Fürstenhöfen seinen Platz hatte in mannigfachen
Functionen von Kammerdienern, Spionen, Vertrauten, Gesellschaftern:
daher auch im bürgerlichen Leben regelmässig der κόλαξ seinem
Gönner die Namen βασιλεύς, rex beilegt und in höfischer Unterwürfigkeit vor ihm kriecht. Auch Spassmacher, fahrende Sänger und
Dichter, Künstler, Philosophen, Gelehrte aller Art, sowie Beamte und
Feldherrn, sofern sie zum Gefolge eines Königs gehören, fallen unter
den Begriff der κόλακες, wie denn z. B. bei Lucian [2]) Aristoteles als
der geriebenste dieser Classe bezeichnet wird.

II.

Lange Zeit ist der Ausdruck κόλαξ mit seinen Ableitungen der
Litteratursprache fast fremd geblieben: Homer, Hesiod, Theognis,
Pindar, Aeschylus, Sophokles, Herodot, Thukydides, Lysias gebrauchen
ihn nicht. Archilochos umschreibt entrüstet das Gebahren eines
Schmarotzers (Perikles) in leider lückenhaft und unsicher überlieferten Versen, ohne dass wir erfahren, mit welchem Namen er Leute
solches Gelichters bezeichnet hat: ... πολλὸν δὲ πίνων καὶ χαλίκρητον
μέθυ | οὔτε τῖμον εἰσενεγκών...... | οὐδὲ μὴν κληθεὶς ἐσῆλθες οἷα δὴ 'ς
φίλων φίλος· | ἀλλά σ' ἡ γαστὴρ νόον τε καὶ φρένας παρήγαγεν | εἰς
ἀναιδείην· ἐπεισπέπαικας Μυκονίων δίκην [3]). Dass die bettelhaften In-
sassen der kärglichen Kykladeninsel Mykonos für die Bewohner
des ägäischen Meeres früh den Typus eines Tellerleckers hergaben [4]),
darf man aus dem Bruchstück mit Sicherheit schliessen: auch Kra-

----

1) Poseidonios im 23. Buch seiner ἱστορίαι bei Athenaeus VI p. 246 D (fr.
hist. Gr. III p. 259 fr. 23 M.). Vgl. IV 37. Joubainville introd. à l'etude de la
litterature Celtique p. 52 f.

2) Todtengespräche 13, 5: ἁπάντων ἐκεῖνος κολάκων ἐπιτριπτότατος ὤν. Vgl.
π. παρασίτου 36.

3) So habe ich grossentheils mit Hülfe von Meineke Athen. vol. IV p. 5 und
Bergk zu Archil. fr. 78, die Worte aus dem Excerpt bei Athenaeus I c. 14 her-
zustellen versucht.

4) Zenobius V 21 mit der Anm. der Herausgeber.

tinos macht schon Gebrauch von dem sprüchwörtlichen Begriff des Mykoniers als eines armen Schluckers[1]. In Athen scheint der Name κόλαξ nicht lange vor der Zeit des Aristophanes eingeführt zu sein, und von Anfang an hatte er eine gemeine Färbung, so dass er vom höheren Stil in Poesie und Prosa so gut wie ausgeschlossen war. Nun aber gab das aufblühende Leben in der führenden Bundesstadt, der gesteigerte Fremdenverkehr, die Ansiedelung begüterter und geistig angeregter Männer, das Auftreten der Sophisten, dazu der wachsende Wohlstand und das intensivere Behagen an Unterhaltung und Genuss der Geselligkeit einen gewaltigen Impuls. Mit glänzendem Beispiel ging Kimon voraus, der πολυξεινότατος[2], dessen Haus ein gemeinsames πρυτανεῖον für seine Mitbürger war[3], indem er täglich offene Tafel für seine Demosgenossen hielt[4].

Auf persönliche Anregung des Perikles geschah es, dass der Syrakusaner Kephalos seinen Wohnsitz nach Athen verlegte, wo sein Haus der Mittelpunkt einer geistigen Elite wurde. Bis zum Übermaass aber trieb diese Gastlichkeit der reiche Kallias, der seines sparsamen Vaters Erbschaft im Jahr 427 antrat. Während die Einleitung des Platonischen Protagoras, dessen Scenerie in der ersten Jugendzeit des Alkibiades, etwa ein Jahr vor Ausbruch des peloponnesischen Krieges gedacht ist, mit leiser Ironie schildert, wie sich der Schwarm der Sophisten mit dem Gefolge andächtiger Nachtreter bei ihm wie in einer Herberge häuslich eingerichtet hat, geisselt Eupolis in seinen Κόλακες die Verschwendung des Hausherrn und die niedrige Gesinnung seiner schmarotzenden Gäste. Darin war die durchschlagende Wirkung dieser Ol. 89,3 = 422 aufgeführten Komödie begründet, dass den Athenern hier zum erstenmal in scharfer und drastischer Ausprägung ein Typus vorgeführt wurde, der von aussen importirt eben im besten Zuge war epidemisch zu werden.

In Athen nämlich und seiner Komödie begegnet uns der Aus-

---

1 inc. fab. 328 K.

2 Kratinos in den Ἀρχίλοχοι fr. 1 K. Theophrast in seiner Schrift über den Reichthum hatte die Gastfreundschaft des Kimon als Muster hervorgehoben: Cicero de off. II 18, 64.

3 Plutarch Kimon 10.

4 Aristoteles bei Plutarch Kim. 10 (Val. Rose Aristoteles Pseudepigr. fr. 356).

druck χόλαξ erst in den unmittelbar vorausgehenden Jahren[1]). In den Acharnern[2]) des Aristophanes fehlt er noch; einmal in den Rittern heisst es von Kleon: τὸν δεσπότην | ἤκαλλ᾽, ἐθώπευ᾽, ἐκολάκευ᾽, ἐξηπάτα (V. 48). Dem Demos gegenüber wird ihm eine ähnliche Stellung zugeschrieben wie jenen kyprischen und asiatischen Hofschranzen, an deren Functionen es auch erinnert, wenn V. 60 von ihm berichtet wird[3], wenn der Herr speise, stehe er bei ihm und verscheuche mit seiner Gerbehaut die Redner, wie jene mit dem Wedel die Fliegen, was denn auch in den Wespen[4]) geradezu gesagt ist. Übrigens geben er wie sein Nebenbuhler, der Wursthändler, sich für Liebhaber (ἐραστής 1341) des Demos aus, und die Züge des ἀλαζών überwiegen in ihrer Charakteristik[5]). Es war ein beissender Vergleich, wer ihn auch zuerst angewandt haben mag, wenn der leitende attische Staatsmann durch die Bezeichnung κόλαξ zum Kammerherrn eines Tyrannen Demos[6]), und seine Nachtreter hinwiederum zu

---

1) Wenn der Scholiast zu den Wolken 687 und den Wespen 74 angiebt, Kratinos habe in den Seriphiern (fr. 212 K.) den Amynias als ἀλαζόνα καὶ κόλακα καὶ συκοφάντην dargestellt, so ist damit der Ausdruck κόλαξ noch nicht verbürgt. Wer den Hierokleides (oder Hierokles), welchen Hermippos in den Κέρκωπες fr. 38 K. und Phrynichos in den Κωμασταί fr. 17 K. ἐπὶ πονηρίᾳ verspottet haben sollen, Κολακοφωροκλείδης genannt habe, sagt uns Hesychius nicht: gewiss weder Phrynichos noch Hermippos, eher Aristophanes oder Eupolis.

2) V. 634 ff., wo von den Schmeicheleien die Rede ist, womit fremde Gesandte die Athener berücken, werden die Verba ἐξαπατᾶν und θωπεύειν gebraucht.

3) βυρσίνην ἔχων | δειπνοῦντος ἑστὼς ἀποσοβεῖ τοὺς ῥήτορας. Vgl. schol.: ἔδει γὰρ εἰπεῖν μυρσίνην ... ταῖς γὰρ μυρσίναις ἀποσοβοῦσι τὰς μυίας· ὁ δὲ τοὺς ῥήτορας εἶπε.

4) V. 596: φυλάττει διὰ χειρὸς ἔχων καὶ τὰς μυίας ἀπαμύνει. Zu dergleichen Dienstleistungen des κόλαξ wird auch gehören, wozu sich Kleon weiterhin in den Rittern 910 erbietet: ἀπομυξάμενος, ὦ Δῆμέ, μου πρὸς τὴν κεφαλὴν ἀποψῶ.

5) Alazon S. 6.

6) Aristoteles in der Politik p. 1292 fasst dieses Verhältniss mit voller Schärfe auf: ἐν μὲν γὰρ ταῖς κατὰ νόμον δημοκρατουμέναις (πόλεσιν) οὐ γίνεται δημαγωγός, ἀλλ᾽ οἱ βέλτιστοι τῶν πολιτῶν εἰσιν ἐν προεδρίᾳ· ὅπου δ᾽ οἱ νόμοι μὴ εἰσι κύριοι, ἐνταῦθα γίνονται δημαγωγοί. μόναρχος γὰρ ὁ δῆμος γίνεται ... ὁ δ᾽ οὖν τοιοῦτος δῆμος, ἅτε μόναρχος ὤν, ζητεῖ μοναρχεῖν διὰ τὸ μὴ ἄρχεσθαι ὑπὸ νόμου, καὶ γίνεται δεσποτικός, ὥστε οἱ κόλακες ἔντιμοι· καὶ ἔστιν ὁ τοιοῦτος δῆμος ἀνάλογον τῶν μοναρχιῶν τῇ τυραννίδι. διὸ καὶ τὸ ἦθος τὸ αὐτό ...... καὶ ὁ δημαγωγὸς καὶ ὁ κόλαξ οἱ αὐτοί καὶ ἀνάλογον· καὶ μάλιστα δ᾽ ἑκάτεροι παρ᾽ ἑκατέροις ἰσχύουσιν, οἱ μὲν κόλακες παρὰ τυ-

Kammerdienern gleichsam in zweiter Potenz gemacht wurden[1]). Zu den letzteren gehörte jener Theoros, der schon in den Acharnern (134 ff.) als Gesandter des Staates auftritt, von Dikaiopolis als ἀλαζών[2]) und Diätenschlucker beargwohnt, schärfer und bitterer aber in den Wespen zur Zielscheibe des Spottes gemacht wird: ὦ πόλις καὶ Θεώρου θεοισεχθρία | κεἴ τις ἄλλος προέστηκεν ἡμῶν κόλαξ, ruft der Chor V. 418 in seiner Bedrängniss aus. Er putzt uns (den Heliasten, d. h. dem Demos) die Schuhe, rühmt Philokleon[3]). Das Skolion, mit welchem ihn dieser bedenkt (1241), lässt vermuthen, dass er ein Apostat der conservativen Partei war, daher ihn auch Sokrates in den Wolken (400) unter die meineidigen (ἐπίορκοι) zählt. So lagert er nun unter den Zechgenossen (συμπόται) des Kleon (1220); Sosias aber sieht ihn nahe bei dem Walltisch, von dem er träumt, sitzen und zwar auf dem Boden (χαμαί 43), wie sich's für den κόλαξ gebührt, und Alkibiades giebt ihm seinen richtigen Namen: Θέωλος, τὴν κεφαλὴν κόλακος ἔχων (45).

Von den Demagogen und Volksrednern wird der spöttische Titel zunächst auf die Lehrer der Beredsamkeit, also der κολακεία, und überhaupt auf die Sophisten übergegangen sein. Ein Chor solcher Denker (φροντισταί) trat im Konnos des Ameipsias auf (Ol. 89, 1, zugleich mit den Wolken). Wenn von Sokrates, als er sich diesem Chor nähert, gerühmt wird: οὗτος μέντοι πεινῶν οὕτως οὐπώποτ' ἔτλη κολακεῦσαι, so ist damit gemeint, dass er den einträglichen Betrieb jener höfischen Kunst, der Rhetorik, verschmäht, zugleich aber wohl auch, dass er nicht wie andere Gelehrte, Künstler u. s. w. sich dem Gefolge eines hohen Gönners angeschlossen und bei ihm Versorgung gesucht hat. Wahrscheinlich hat er selbst das Treiben und ganze Gebahren wie alle Leistungen eines Gorgias und Protagoras durch

ῥάννοις, οἱ δὲ δημαγωγοὶ παρὰ τοῖς δήμοις τοῖς τοιούτοις. Vgl. p. 1314 a. Entsprechend werden in Platon's erstem Alkibiades p. 120 b Staatsmänner geschildert, die ἔτι βαρβαρίζοντες ἐληλύθασι κολακεύοντες τὴν πόλιν, ἀλλ' οὐκ ἄρχοντες.

1) Aristophanes Wespen 683: οὐ γὰρ μεγάλη δουλεία 'στὶν τούτους μὲν ἅπαντας ἐν ἀρχαῖς | αὐτούς τ' εἶναι καὶ τοὺς κόλακας τοὺς τούτων μισθοφοροῦντας; 1033: ἑκατὸν δὲ κύκλῳ γλῶτται κολάκων οἰμωξομένων ἐλιχμῶντο| περὶ τὴν κεφαλὴν (des Kleon).

2) Alazon S. 7.

3) V. 600: τὸν σπόγγον ἔχων ἐκ τῆς λεκάνης τἀμβάδι' ἡμῶν περικονεῖ.

die noch frische Metapher, κολακεία, charakterisirt, wie er es nachher in den Platonischen Dialogen thut, zunächst im Gorgias
p. 463 ff., wo die Rhetorik und Sophistik als Theile unter den wei-
teren Begriff der κολακεία gestellt werden. Mit grösserer Erregung
aber und allgemeiner spricht derselbe im Phaidros p. 240b von
dem κόλαξ als einer schlimmen Bestie und grossen Plage, der freilich dennoch die Natur einen gewissen Reiz verliehen habe[1]). Wen
Dittenbergers lexicalische Darlegungen[2]) überzeugt haben, dass dieser
Dialog bald nach Platons erstem Sicilischen Aufenthalt (Ol. 98,2 =
387) geschrieben ist, der wird vermuthen, dass gerade die bitteren
Erfahrungen, welche der Verfasser so eben am Hof des Dionysios
gemacht hatte, und die unmittelbare Anschauung der berüchtigten
Διονυσοκόλακες ihm jene Worte eingegeben haben, die Athenaeus
oder dessen Quelle für bezeichnend genug hielt, um sie besonders
anzuführen.

Aber 9—10 Olympiaden früher, wie gesagt, hatte bereits Eupolis einen ganzen Chor solcher δεινά θηρία in seiner Komödie auftreten lassen, indem er nicht nur den Sophistenschwarm, der bei
Kallias einzukehren pflegte, nebst dem zahlreichen Anhang andächtig
nachtretender Hörer, sondern auch das übrige profane Gesindel,
welches die Gastlichkeit des verschwenderischen Hausherrn mis-
brauchte, unter dem Namen von Hofschranzen zusammenfasste und
mit gemeinsamen Zügen ausstattete. Nun aber drängt sich die Frage
auf, in welcher Maske dieser Chor möge aufgetreten sein, da der
Chor der altattischen Komödie doch eine burleske, phantastische Erscheinung voraussetzen lässt. Auf dergleichen scheint auch Lukian
anzuspielen, wenn er im Nigrinos 24, 64 f., nachdem er das würdelose
Betragen der Schmarotzer geschildert hat, hinzufügt: »das schlimmste
ist, dass viele von solchen, die sich für Philosophen ausgeben,
sich noch viel lächerlicher betragen. Wie glaubst du, dass mir zu
Muthe ist, wenn ich einen von diesen, besonders von den bejahr-
teren sehe, wie er sich unter den Haufen der κόλακες mischt und
sich einem der Angesehenen als Trabant anschliesst (δορυφοροῦντα)

---

1 ἔστι μὲν δὴ καὶ ἄλλα κακά, ἀλλά τις ἔμιξε δαίμων τοῖς πλείστοις ἐν τῷ
παραυτίκα ἡδονήν· οἷον κόλακι, δεινῷ θηρίῳ καὶ βλάβῃ μεγάλῃ, ὅμως ἐπέμιξεν
ἡ φύσις ἡδονήν τινα οὐκ ἄμουσον.

2. Hermes XVI 321 ff.

und sich mit Leuten unterhält, die zu Tisch bitten, da er ja schon durch seine Erscheinung mehr als die anderen auffällt. Am meisten ärgere ich mich, dass sie nicht auch die Maske der κόλακες anlegen[1], da sie ja doch in allem übrigen dieselbe Rolle spielen wie im Drama (τὰ ἄλλα γε ὁμοίως ὑποκρινόμενοι τοῦ δράματος).« Es ist hier nicht von der Gesichtsmaske (πρόσωπον) des κόλαξ und παράσιτος die Rede, wie sie Pollux IV 148 beschreibt, denn ihre Physiognomie konnten jene schmarotzenden Philosophen doch beim besten Willen nicht ändern, sondern von dem gesammten An- und Aufzug, der Theater-Garderobe, von welcher der genannte Compilator an einer anderen Stelle (IV 115 ff.) nur zu kurz handelt[2]. Wenn dort dem Parasiten ein schwarzes oder graues Gewand (119) und als Zubehör einige Requisite der Palästra (Schabeisen und Ölflasche 120) zugetheilt werden, so sind auch diese Garderobestücke wenig geeignet, den niedrigen Charakter des κόλαξ sofort ins Licht zu setzen und schwerlich wird Lukian gerade an sie gedacht haben. Nun wissen wir, dass Eupolis seinen Chor κοιλιοδαίμονας (fr. 172 K.), Bauchdämonen, und ταγγνοκνισοθήρας (fr. 173), Bratpfannenduftjäger nannte. Ferner wird in einem Bruchstück (156 K.) die phantastische Gestalt des Kekrops beispielsweise vermuthlich zur Erklärung und Rechtfertigung einer analogen Bildung angeführt:

καὶ τὸν Κέκροπα τἄνωθεν ἀνδρὸς φασ' ἔχειν
μέχρι τῶν κοχωνῶν, τὰ δὲ κάτωθεν θυννίδος.

Ich vermuthe, dass hiermit eben die Gestalt der κόλακες in dem Eupolideischen Chor verglichen war, dass dieselbe von der Bauchgegend an etwa in einen gewaltigen Darm (κόλον) endigte, eine Bildung, welche durch die Ähnlichkeit mit derjenigen der Giganten doppelt wirken musste[3]. Die Erfindung wäre noch lange nicht so barock wie das Räthselbild aus einer unbekannten Komödie, welches die Parasiten zeichnet (anon. com. 497 M.):

γαστὴρ ὅλον τὸ σῶμα, πανταχῇ βλέπων
ὀφθαλμός, ἕρπον τοῖς ὀδοῦσι θηρίον[4].

---

1. τὴν σκευὴν τῶν κολάκων μεταλαμβάνουσι mit Fritzsche.
2. καὶ σκευὴ μὲν ἡ τῶν ὑποκριτῶν στολή κτλ.
3. Die Parasiten heissen öfters γιγαντεῖς.
4. Plutarch, vom Unterschied zwischen κόλαξ und φίλος p. 54 b: οὕτως ἅπει-

Unter den namhaften Genossen der Zunft, welche in dem Eupolideischen Drama vorkamen, waren denn auch ausser Protagoras, der ἀλαζονεύεται περὶ τῶν μετεώρων, τὰ δὲ χαμᾶθεν ἐσθίει (fr. 146 K.), der berüchtigte ὀψοφάγος Melanthios (fr. 164) [1], und Hungerleider wie der Sokratiker Chairephon (165), der Kleiderdieb Orestes, Marpsias (166) und Kleokritos (167). Ihre Methode und ihre Grundsätze offenbart der Chor der Schmarotzer im Epirrhema der Parabase [2]. Sie stellen sich vor als durchweg feine Herren. Ein gemietheter Diener begleitet den κόλαξ; zwei Röcke hat letzterer im ganzen, mit denen er wechselt, wenn er auf den Markt ausrückt. Sieht er da einen reichen Tropf (πλούταξ), so macht er sich sofort an ihn, lobt jedes Wort, welches dieser sagt (vgl. fr. 178), scheint ausser sich vor Vergnügen über das Gespräch, und erzielt so eine Einladung zum Essen. Bei Tisch muss er dann freilich viel geistreiche Witze machen und dabei seine Zunge hüten, wenn er nicht riskiren will unsanft vor die Thür gesetzt zu werden. Nicht Feuer noch Eisen oder Erz hält die κόλακες ab, zum Schmause zu eilen (fr. 162). Den Kallias preisen sie in dem Liede fr. 163:

———

ρος ἦν κόλακος ὁ νομίζων τὰ ἰαμβεῖα ταυτὶ τῷ καρκίνῳ μᾶλλον ἢ τῷ κόλακι προσήκειν· γαστήρ ... θηρίον. παρασίτου γὰρ ὁ τοιοῦτος εἰκονισμός ἐστι κτλ.

[1] Klearchos bei Athenaeus I p. 6 c; Athen. VIII p. 343 c; schol. zu Aristoph. Frieden 803, Vögel 151.

[2] Bei Athenaeus VI 236 E (fr. 159 K.):

> ἀλλὰ δίαιταν ἣν ἔχουσ' οἱ κόλακες πρὸς ὑμᾶς
> λέξομεν· ἀλλ' ἀκούσαθ' ὡς ἐσμὲν ἅπαντα κομψοί
> ἄνδρες· ὅτοισι πρῶτα μὲν παῖς ἀκόλουθός ἐστιν
> ἀλλότριος τὰ πολλά, μικρὸν δέ τι κἀμὸν αὐτοῦ.
> 5 ἱματίω δέ μοι δύ' ἐστὸν χαρίεντε τούτω,
> οἷν μεταλαμβάνων ἀεὶ θάτερον ἐξελαύνω
> εἰς ἀγοράν. ἐκεῖ δ' ἐπειδὰν κατίδω τιν' ἄνδρα
> ἠλίθιον, πλουτοῦντα δ', εὐθὺς περὶ τοῦτον εἰμί.
> κἄν τι τύχῃ λέγων ὁ πλούταξ, πάνυ τοῦτ' ἐπαινῶ,
> 10 καὶ καταπλήττομαι δοκῶν τοῖσι λόγοισι χαίρειν.
> εἶτ' ἐπὶ δεῖπνον ἐρχόμεσθ' ἄλλυδις ἄλλος ἡμῶν
> μᾶζαν ἐπ' ἀλλόφυλον, οὗ δεῖ χαρίεντα πολλὰ
> τὸν κόλακ' εὐθέως λέγειν, ἢ 'κφέρεται θύραζε.
> οἶδα δ' Ἀκέστορ' αὐτὸ τὸν στιγματίαν παθόντα·
> 15 σκῶμμα γὰρ εἶπ' ἀσελγές, εἶτ' αὐτὸν ὁ παῖς θύραζε
> ἐξαγαγὼν ἔχοντα κλοιὸν παρέδωκεν Οἰνεῖ.

ὃς χαρίτων μὲν ὄζει,
καλλαβίδας δὲ βαίνει,
σησαμίδας δὲ χέζει,
μῆλα δὲ χρέμπτεται.

Der verschwenderische Hausherr beschenkt sie dafür mit Bechern, Hetären und anderen Kostbarkeiten¹), und daneben stehlen sie auch noch Servietten (168). Diese Verbindung von zudringlicher, ironischer Schmeichelei, Gefrässigkeit, Spitzbüberei, Witz und Possenhaftigkeit ist typisch für den Charakter geblieben: θώψ, ὀψοφάγος oder γαστρίμαργος, und γελωτοποιός sind zu einem schönen Dreiklang verschmolzen. Ungeladen zu Festen und Schmäusen zu kommen ist ja ein altes Vorrecht des berufsmässigen Lustigmachers: er gilt ähnlich wie die fahrenden Spielleute des Mittelalters als unentbehrliches, selbstverständliches Element bei solchen Gelegenheiten. Wer nun bei Opferfesten an den Altären herumlungerte, um dann beim Schmause als Possenreisser seine Rolle zu spielen und ein Stück vom Braten zu erhaschen, hiess βωμολόγος²). Vom γελωτοποιός giebt das Xenophontische Symposion³) eine deutliche Anschauung, obwohl seine Glanzzeit, wie seine Klagen beweisen, vorüber ist: δει-

---

1) Maximus Tyrius 20, 7 und Eupolis fr. 155 (vgl. 161) K.

2) Harpokration: βωμολογεύεσθαι· κυρίως ἐλέγοντο βωμολόγοι οἱ ἐπὶ τῶν θυσιῶν ὑπὸ τοὺς βωμοὺς καθίζοντες καὶ μετὰ κολακείας προσαιτοῦντες (also Bettler, die am Fusse der Altäre hocken, um vom Opfer etwas abzukriegen). ἔτι δὲ καὶ οἱ παραλαμβανόμενοι ταῖς θυσίαις αὐληταί τε καὶ μάντεις. (Vgl. etym. m. 217, 55. schol. Plat. p. 421 B.) Bei Pherekrates in der Τυραννίς fr. 141 K. rühmt ein Gott die weise Einrichtung, welche den Olympiern den fetten Duft von Altären zuträgt:

κἄπειθ᾽ ἵνα μὴ πρὸς τοῖσι βωμοῖς πανταχοῦ
ἀεὶ λοχῶντες βωμολόγοι καλώμεθα,
ἐποίησεν ὁ Ζεὺς καπνοδόκην μεγάλην πάνυ.

Im Gerytades des Aristophanes (um die Zeit der Frösche) wird ein Parasit angelassen (fr. 166 K.): χαριεντίζει καὶ καταπαίζεις ἡμῶν καὶ βωμολοχεύει. Dass der ἀσύμβολος Spass machen muss, ist nach Anaxandrides in der Gerontomania fr. 10 M. eine alte Satzung des Rhadamanthys und Palamedes.

3) Vgl. 1, 11 ff. 2, 21 f. 4, 50. Das Substantivum κόλαξ findet sich in den Xenophontischen Schriften nirgends, nur das Verbum κολακεύειν in der Bedeutung »den Hof machen« (Kyrop. I 6, 3 VII 2, 23 Memor. I 2, 24 II 9, 8 IV 4, 4 Hellen. I 6, 7 V 1, 17 Hier. 1, 15 resp. Laced. 11, 2) und einmal Oecon. 13, 12 κολακεύματα, Schmeichelkünste.

πινεῖν τἀλλότρια ist sein Zweck, dem er nachgeht, mag er geladen sein oder nicht, denn ἄκλητον ἐλθεῖν ἐπὶ τὸ δεῖπνον scheint ihm sogar lustiger. Er reisst nicht nur Witze, sondern giebt auch mimische Actionen und Tänze komischer Art zum Besten. Lacht man nicht, so wird er melancholisch; was er sich von den Gästen gefallen lassen muss, zeigt das βέλος γελωτοποιόν in den Ὀστολόγοι des Aeschylus (fr. 171). Ein solcher Clown, wie er z. B. noch bei der Hochzeit des Karanos in Makedonien auftritt[1]), ist trotz mancher Ähnlichkeit doch schon in dem einen Hauptpunkt vom κόλαξ unterschieden, dass er sich keiner einzelnen Person fest und dauernd anschliesst.

Hauptsächlich um seiner ὀψοφαγία und γαστριμαργία willen, die er gern am fremden Tisch befriedigte, mag der falstaffähnliche Schildwegwerfer Kleonymos[2]) von Aristophanes in den Wespen Kola-konymos genannt sein. Denn schon in der zweiten Parabase der Ritter (1281) stellt dieser Aristokratenchor eine tiefsinnige Erwägung darüber an, wie jener nur zu solcher Virtuosität im Essen gekommen sein möge:

φασὶ μὲν γὰρ αὐτὸν ἐρεπτόμενον τὰ τῶν ἐχόντων ἀνέρων
οὐκ ἂν ἐξελθεῖν ἀπὸ τῆς σιπύης, τοὺς δ' ἀντιβολεῖν ἂν ὁμοίως·
ἀλλ' ὦ ἄνα, πρὸς γονάτων, ἔξελθε καὶ σύγγνωθι τῇ τραπέζῃ.

Doch wird ihm weder hier, zwei Jahre vor Aufführung der Wespen, noch früher, in den Wolken und den Acharnern, der charakteristische Spitzname κόλαξ schon beigelegt.

Während nun Platon in seiner Unterscheidung ehrlicher und unehrlicher τέχναι[3]) den Begriff der κολακεία willkürlich weiter fasst und das entscheidende Kriterium allein in der Verleugnung der Wahrheit zum Zweck des angenehmen Scheins (χαρίζε-σθαι) findet, gleichviel in welcher Absicht übrigens ein solcher Betrug geübt werde, unterlässt er doch an anderen Stellen[4]) nicht die

---

1) Athenaeus IV p. 130 C.

2) Alazon S. 28.

3) Gorgias p. 463 ff. 502 b. 521 b. Euripides im Erechtheus fr. 364, 18 ff. N. umschreibt den Begriff der κόλακες ganz entsprechend: φίλους δὲ τοὺς μὲν μὴ χαλῶντας ἐν λόγοις | κέκτησο· τοὺς δὲ πρὸς χάριν σὺν ἡδονῇ | τῇ σῇ πονηροὺς κλῇθρον εἰργέτω στέγης.

4) Soph. p. 222 e resp. IX p. 590 d Sympos. p. 183 a.

eigennützige Absicht als charakteristisch zu betonen. Entschiedener schliesst sich Aristoteles[1]) der populären Eupolideischen Auffassung an, indem er unter κόλαξ denjenigen versteht, welcher um seines eigenen Vortheils willen die Freundlichkeit übertreibt, den in uneigennütziger Weise hierin Übertreibenden dagegen als ἄρεσκος bezeichnet, beide als fehlerhafte Abarten des einfach Maass haltenden φίλος. Dass Theophrast in seiner Schrift περὶ κολακείας auch diese Anschauung seines Meisters getheilt hat, ist an sich durchaus wahrscheinlich und wird dadurch bestätigt, dass in seinen χαρακτῆρες dem κόλαξ und dem ἄρεσκος gesonderte Capitel (2. 5) gewidmet sind; und wenigstens in dem ersteren hat die freilich abgestumpfte Definition noch das Aristotelische Gepräge bewahrt: τὴν δὲ κολακείαν ὑπολάβοι ἄν τις ὁμιλίαν αἰσχρὰν εἶναι, συμφέρουσαν δὲ τῷ κολακεύοντι. Kein Wunder, dass in der höflichen und beschönigenden Umgangssprache jener verächtlich gewordene Ausdruck vermieden wurde. Wie die Lüderlichkeit und Üppigkeit der jungen Bonvivants mit dem geselligen Kunstausdruck nicht

---

1) eth. Nicom. II 7 p. 1108a: περὶ δὲ τὸ λοιπὸν ἡδὺ τὸ ἐν τῷ βίῳ ὁ μὲν ὡς δεῖ ἡδὺς ὢν φίλος καὶ ἡ μεσότης φιλία, ὁ δ' ὑπερβάλλων, εἰ μὲν οὐδενὸς ἕνεκα, ἄρεσκος, εἰ δ' ὠφελείας τῆς ἑαυτοῦ, κόλαξ. IV 12 p. 1127a: τοῦ δὲ συνηδύνοντος ὁ μὲν τοῦ ἡδὺς εἶναι στοχαζόμενος μὴ δι' ἄλλο τι ἄρεσκος, ὁ δ' ὅπως ὠφελειά τις αὑτῷ γίγνηται εἰς χρήματα καὶ ὅσα διὰ χρημάτων, κόλαξ. Wenn an anderen Stellen der gewinnsüchtigen Absicht nicht ausdrücklich immer Erwähnung geschieht, so erklärt sich dies hinreichend durch den Zusammenhang: z. B. p. 1125a wird vom μεγαλόψυχος gesagt, er vermöge nicht auf jemand Rücksicht zu nehmen ausser auf einen Freund, denn das sei δουλικόν, διὸ καὶ πάντες οἱ κόλακες θητικοὶ καὶ οἱ ταπεινοὶ κόλακες. Auf den Zweck der Unterwürfigkeit kommt es hier gar nicht an, sondern nur auf die Fähigkeit dazu. Vgl. ferner p. 1159a, 1173b. Rhet. I 11 p. 1371a. Anders und stumpfer die Eudemische Ethik und die Ἠθικὰ μεγάλα: dort bilden κολακεία und ἀπέχθεια oder ἔχθρα) die beiden Extreme zur φιλία als der μεσότης, wie ἀρέσκεια und αὐθάδεια zur σεμνότης. Nach eth. Eudem. II p. 1221 ist κόλαξ ὁ πλείω συνεπαινῶν ἢ καλῶς ἔχει, ἀρέσκεια — τὸ λίαν πρὸς ἡδονήν; nach III 1233b κόλαξ — ὁ εὐχερὴς ἅπαντα πρὸς τὰς ἐπιθυμίας ὁμιλῶν, während ὁ πάντα πρὸς ἄλλον (ζῶν) ἢ καὶ πάντων ἐλάττων ἄρεσκος heisst; nach eth. m. I p. 1193a κόλαξ — ὁ πλείω τῶν προσηκόντων καὶ ὄντων προστιθείς.

An die Aristotelische Definition erinnert Lucilius XXVII fr. 10 M. (659 f. L.): »cocu' non curat cauda insignem esse illam, dum pinguis siet: Sic amici quaerunt animum, rem parasiti ac divitias.«

ἀσωτία, sondern. ὑγρότης, ὑγρὸς βίος, ein flottes Leben[1]) hiess, so
brauchte man für κολακεύειν die mildere Wortnuance ἀρέσκειν. Τὸ
γὰρ κολακεύειν νῦν ἀρέσκειν ὄνομ' ἔχει, sagt ein Zeitgenosse beider
Philosophen, Anaxandrides[2]), in einer seiner Komödien[3]); doch
hat gerade das Lustspiel, dem eine drastische Sprache geziemt, wie
es scheint, wenig oder keinen Gebrauch von dieser Feinheit gemacht[4]). So musste nun auch, nachdem die Sitte stehender Hausfreunde sich in Athen festgesetzt und die Übung an fremdem Tisch
regelmässig mitzuessen geradezu eine Berufsart geworden war, ein
technischer Ausdruck für diese Menschenclasse gefunden werden,
der, ohne ein moralisches Urtheil einzuschliessen, ihre gesellschaft-
liche Stellung möglichst unverfänglich aussprach. Hierfür bot sich
der von religiösen Culten entlehnte, durch ehrwürdige Gesetzestra-
ditionen geadelte Titel παράσιτος[5]). So wurden dem Herakles,
jenem Typus des gemüthlichen γαστρίμαργος, in den Demen Attika's
allmonatlich Opfer dargebracht, wozu der Archon βασιλεύς je 12 νόθοι
oder Söhne von solchen (denn Herakles war ja selbst ein νόθος)
auszulesen hatte, die dem Priester bei der heiligen Handlung, wozu
denn auch der Schmaus gehörte, als παράσιτοι zu assistiren hatten[6]).
Diesem Institut hat der junge Aristophanes das Motiv zu seinem
Erstlingswerk, den Δαιταλῆς, entnommen; die lustige Gesellschaft der

---

1) Alexis ἐν Παρασίτῳ (fr. 198 M.) und Krobylos ἐν Ἀπολιπούσῃ (fr. 3), offenbar Zeitgenossen, bei Athenaeus VI p. 258 C.

2) Anaxandrides führt nach Meineke hist. cr. 367 wenigstens von Ol. 101, 1
bis 108, 2 (376—347) auf.

3) In der Samia bei Athenaeus VI p. 255 A.

4) Gerade bei Anaxandrides kommt dagegen κόλαξ und κολακεύειν mehrfach vor.

5) Vgl. M. H. E. Meier in der Allgem. Encyclopädie von Ersch und Gruber.
Albert v. Kampen: de parasitis apud Graecos sacrorum ministris. Göttingen 1867.
A. Hug Züricher Festprogramm 1872: de Graecorum proverbio αὐτόματοι κτλ.
Knorr: de parasitis Graecorum. particula prior (Rostocker Diss.) 1873. Der-
selbe: die Parasiten bei den Griechen. Gymn.progr. von Belgard 1875. Pole-
mon περὶ δούλων ὀνομάτων hatte inschriftliches Material über die geistlichen Para-
siten gesammelt: fr. LXXVII f. bei Preller: Polemonis Periegetae fragmenta p. 111 ff.
Aus einer reichen Litteratur stammt das umfangreiche Excerpt (des Didymos?) bei
Athenaeus VI c. 26 ff., vgl. Val. Rose: Aristoteles pseudoepigr. p. 457 ff.

6) Athenaeus VI p. 234 E: Psephisma des Alkibiades auf der Stele im Kynosarges. Vgl. die Verse aus der Ἐπίκληρος des Komikers Diodoros fr. 2, 23 ff.

Sechziger, welche im Herakleion des Demos Διομεῖς im Kynosarges[1]) ihre Zusammenkünfte hielt und deren Witze Philipp von Makedonien zu seiner Erheiterung sammeln liess[2]), mag wohl aus jener geistlichen Körperschaft mit der Zeit herausgewachsen sein[3]). In Acharnä wurden gleichfalls vom Archon βασιλεύς Parasiten des Apollo gewählt, die zu gemeinschaftlichem Schmause der athenischen Bürger im Heiligthum des Gottes aus der heiligen Heerde Ochsen und aus dem ihnen zugewiesenen Antheil (von Ackern?) einen Hekteus Gerste auszuwählen und letzteren in sein παρασίτειον abzuliefern hatten[4]). Die beiden Herolde, welche jährlich die von Athen nach Delos ziehende Festgesandtschaft (Delische Theorie, Δηλιασταί) begleiten, speisten das Jahr über als Parasiten des delischen Apollo mit den Tempelpriestern in dessen Heiligthum[5]). Auch auf Delos[6]) selbst, dem Eldorado der ὀψοφάγοι[7]), hatte Apollo seine Parasiten; desgleichen Athene vom Demos Pallene[8]) und die Dioskuren im Ἀνακεῖον zu Athen[9]). Endlich hiessen diejenigen, welche der Staat als Ehre oder Belohnung ausserordentlicher Weise die Speisung im Prytaneion gewährte, παράσιτοι[10]), als Gäste gegenüber den σύσσιτοι,

1) Von den jungen Herren im Κυνόσαργες hofft der Parasit bei Alkiphron III 12, den sie beim Würfelspiel ausgezogen haben, Unterstützung.

2) Athenaeus VI p. 260 A. XIV p. 614 D.

3) Vielleicht dachte Ptolemaios Philopator an diesen Club, als er in Alexandria seine Gesellschaft der Ἰσιδιασταί berief. Vgl. Ptolemaios von Megalopolis im zweiten Buch τῶν περὶ τὸν Φιλοπάτορα ἱστοριῶν (fr. hist. Gr. III p. 67 fr. 2 M.) bei Athen. VI p. 246C; Droysen Hellen. III 2, 164.

4) Krates ἐν δευτέρῳ Ἀττικῆς διαλέκτου (nach Philochoros' τετράπολις) bei Athenaeus VI p. 235C; vgl. Pollux VI 34 f. Hesychius und Photius s. v. παράσιτοι. Zu der sodalitas der artifices scaenici gehörten in Rom die parasiti Apollinis, deren Bestehen von Merkel prol. ad Ovidii fast. p. CCXXXIV bis auf die Stiftung der ludi Apollinares (542, 212) zurückgeführt wird und sich weit in die Kaiserzeit hinein erstreckt. Vgl. m. Com. Rom. fr. p. 399 f. Marquardt Röm. Staatsverw. III 517.

5) Polemon bei Athenaeus VI p. 234 F citirte die κύρβεις περὶ τῶν δηλιαστῶν. Ob das dort erwähnte Δήλιον auf Delos oder in Athen oder Marathon zu denken sei, ist unklar.

6) Der Komiker Kriton im Philopragmon fr. 3 (IV p. 537 M.).

7) Athenaeus IV 73 p. 173.

8) Polemon bei Athen. VI p. 234 F.

9) Athenaeus VI p. 235 B.

10) Moeris: παρασίτους τοὺς τὰ δημόσια σιτουμένους ἐν πρυτανείῳ Ἀττικοί, τοὺς κόλακας Ἕλληνες. Vgl. Timokles fr. 8. 16 (III 591 M.).

2*

den Prytanen, die von Amtswegen ihren festen Sitz am Gemeinde-
tisch einnahmen. Solon, welcher die Speisung durch ein besonderes
Gesetz neu regelte und beschränkte, bezeichnete dieselbe darin ausdrücklich als παρασιτεῖν [1]).

Dass Epicharmos der erste gewesen ist, welcher diesen geistlichen Titel den stehenden Tischgästen in Privathäusern beigelegt und
unter solchem Namen die wohlbekannte Figur auf der Syrakusischen
Bühne hat auftreten lassen, kann man bei unbefangener Betrachtung
der überlieferten Zeugnisse [2]) nicht bezweifeln. Wer immer die An-
gabe des Karystios widerlegt hat, müsste nicht so verständig und
unterrichtet gewesen sein wie er bei Athenäus sich offenbart, wenn
er erstens angenommen hätte, jener meine einfach die Erfindung der
Schmarotzerrolle, und wenn er zweitens diesen Irrthum durch Zurück-
greifen auf Epicharm statt durch Berufung auf die κόλακες des Eupolis widerlegt hätte. Wir haben festzuhalten, dass ein wirklich
παράσιτος genannter Schmarotzer im Πλοῦτος des Epicharm zuerst
aufgetreten ist, und die Charakteristik, die er von sich giebt, stimmt

---

1) Plutarch Solon 24: ἴδιον δὲ τοῦ Σόλωνος καὶ τὸ περὶ τῆς ἐν δημοσίῳ σι-
τήσεως, ὅπερ αὐτὸς παρασιτεῖν κέκληκε. τὸν γὰρ αὐτὸν οὐκ ἐᾷ σιτεῖσθαι πολλά-
κις· ἐὰν δὲ ᾧ καθήκει μὴ βούληται, κολάζει, τὸ μὲν ἡγούμενος πλεονεξίαν, τὸ δ'
ὑπεροψίαν τῶν κοινῶν. Vgl. R. Schöll Hermes VI 21 f.

2) Athenaeus VI 28 p. 235 E: τὸν δὲ νῦν λεγόμενον παράσιτον Καρύστιος
ὁ Περγαμηνὸς ἐν τῷ περὶ διδασκαλιῶν εὑρεθῆναί φησιν ὑπὸ πρώτου
Ἀλέξιδος, ἐκλαθόμενος ὅτι Ἐπίχαρμος ἐν Ἐλπίδι ἢ Πλούτῳ παρὰ πότον
αὐτὸν εἰσήγαγεν οὑτωσὶ λέγων . . . . . καὶ αὐτὸν ποιεῖ τὸν παράσιτον λέγοντα τοι-
άδε πρὸς τὸν πυνθανόμενον . . . . . καὶ ἄλλα δὲ τοιαῦτα ἐπιλέγει ὁ τοῦ Ἐπιχάρ-
μου παράσιτος . . . οἱ δ' ἀρχαῖοι ποιηταὶ τοὺς παρασίτους κόλακας ἐκάλουν,
ἀφ' ὧν καὶ Εὔπολις τῷ δράματι τὴν ἐπιγραφὴν ἐποιήσατο . . . τοῦ δὲ ὀνόματος τοῦ παρασίτου μνημονεύει Ἀραρὼς ἐν Ὑμεναίῳ . . . . . πολὺ δ' ἐστὶ τοὔνομα παρὰ τοῖς νεωτέροις. τὸ δὲ ῥῆμα παρὰ Πλάτωνι τῷ φιλοσόφῳ ἐν Λά-
χητι (2)· φησὶ γὰρ· καὶ ἡμῖν τὰ μειράκια παρασιτεῖ (ganz unverfänglich: »sie
essen an unsrer Seite«). Pollux VI 34 F. ἀπὸ δὲ σιτίων — — παρασιτεῖν καὶ
παρὰ τοῖς νεωτέροις παράσιτος. ἔστι δὲ καὶ παρὰ τοῖς παλαιοῖς τοὔνομα, οὐ μὴν
ἐφ' οὗ νῦν, ἀλλ' ἱερᾶς ὑπηρεσίας· τοὔνομα, ὃ ἐπὶ τὴν τοῦ ἱεροῦ σίτου ἐκλογὴν
αἱρούμενος· καὶ ἀρχεῖόν τι Ἀθήνῃσιν παρασίτων καλούμενον, ὡς ἐν τῷ νόμῳ τοῦ
βασιλέως ἐστιν εὑρεῖν. ἐπὶ μέντοι τοῦ παρασιτεῖν κατὰ λιχνείαν ἢ κολακείαν
πρῶτος Ἐπίχαρμος τὸν παράσιτον ὠνόμασεν, εἶτα Ἄλεξις. Dass der
Parasit eine sicilische Rolle war, beweist auch Pollux IV 148, der den Σικελικός
als eine besondere Species des Parasiten, παράσιτος τρίτος, aufführt. Ganz analog
hat Epicharm auch die Rolle des Betrunkenen zuerst auf die sicilische Bühne gebracht. Krates ist ihm dann auf der attischen gefolgt.

vollkommen zu der Rolle. Seinem Beispiel ist in Athen erst Alexis, vermuthlich in der vor Platons Tode (348) gedichteten Komödie Παράσιτος gefolgt, nachdem bereits Araros, der Sohn des Aristophanes, im 'Υμέναιος[1]) einmal vorübergehend des Namens Erwähnung gethan und den damals in Athen noch nicht abgegriffenen Euphemismus im Dialog gelegentlich verwendet hatte, ähnlich wie Aristophanes vorübergehend, in den Wespen, von dem neuen Ausdruck κόλαξ Gebrauch machte, ehe noch Eupolis die Charakterrolle als solche künstlerisch verarbeitet hatte. Mit Recht hat Meineke aus diesen Thatsachen geschlossen, dass der Παράσιτος des Antiphanes jünger gewesen sein muss als der gleichnamige des Alexis, und dasselbe ist (wegen fr. 81 M.) von den Δίδυμοι jenes Dichters zu sagen. Beide Zeitgenossen haben in der Ausbildung des Typus in mannigfachen Variationen gewetteifert, so dass seitdem der Parasit eine der beliebtesten Rollen auch für die neuere Komödie geworden ist. Das Überhandnehmen der κολακεία an den Höfen des Philippos von Makedonien, des Alexandros, der Diadochen, sowie auch in der Umgebung ihrer Feldherrn mag es erklären, dass bei und seit Menandros neben παράσιτος auch der Ausdruck κόλαξ wieder auftaucht, speciell für den Begleiter des miles gloriosus, dessen ἀλαζονεία er trägt und pflegt, so dass man vielleicht im Grossen und Ganzen für den κόλαξ einen militärischen, jedenfalls einen vornehmeren, für den παράσιτος einen Gönner des Civilstandes voraussetzen darf.

III.

Die mannigfachen Spielarten und Schattirungen des κόλαξ-παράσιτος durch die Komödie zu verfolgen kann bei dem trümmerhaften und unsicheren Material nur sehr unvollkommen gelingen. Obwohl er zu der Classe der τρεχέδειπνοι, γαστρίμαργοι und ὀψοφάγοι gehört, so braucht doch nicht jeder Freund von Schmausereien zugleich ein Parasit zu sein[2]). Auch lassen die dürftigen Bruchstücke nicht immer

---

1) fr. 16 M.: οὐκ ἔσθ' ὅπως οὐκ εἶ παράσιτος, φίλτατε,
ὁ δ' Ἰσχόμαχος ὁ διατρέφων σε τυγχάνει.

2) Aristophanes inc. fab. 675 K. kann ebensogut einem τρεχέδειπνος als einem Schmarotzer angehören: vgl. was von dem Parasiten Chairephon bei Menander fr. 353 M. erzählt wird. Ebenso unentschieden ist der Charakter von fr. 2 f. aus

mit Sicherheit erkennen, ob nur vorüberstreifend[1], sei es von der
ganzen Gattung[2] sei es von einem einzelnen Exemplar derselben,
oder ob von einer handelnden Person des Stückes die Rede ist oder
diese selbst vielleicht das Wort führt. Möglich, obwohl nicht mit
Sicherheit bewiesen ist, dass in der Aristophanischen Komödie
Δράματα ἢ Κένταυρος als heroisches Urbild des »ungeladenen«
Gastes Herakles auftrat, wie in Epicharms Stück Ἡρακλῆς ὁ
παρὰ Φόλῳ, und dass von ihm die Rede war in dem Hexameter
fr. 272 K.: χωρεῖ ἄκλητος ἀεὶ δειπνήσων· οὐ γὰρ ἄκανθαι[3]). Für ver-
fehlt aber halte ich die Vermuthung[4]), dass Aristophanes in den
Wespen V. 60 auf jenes Stück anspiele. Eine unbefangene Betrachtung der Scholien[5]) wie des Textes führt zu der Überzeugung, dass
der Dichter auch dort wie im Vorhergehenden die Wiederholung
verbrauchter Stoffe aus der megarischen Posse und der älteren attischen Komödie ablehnt. Nicht selten kam auf das Geschlecht der
κόλακες die Rede in Parabasen, anderen Chorliedern und Syntagmen.
Aus einem Syntagma sind die Anapästen, welche im Γηρυτάδης
des Aristophanes (Ol. 93, 3) gegen einen ψωμοκόλαξ als den
Widersacher des Sprechenden gerichtet waren, (fr. 166 K.):

χαριεντίζει καὶ καταπαίζεις ἡμῶν καὶ βωμολοχεύει.
167: ψιθυρός τε καλοῦ καὶ ψωμοκόλαξ.

---

den Αὖραι des Metagenes (vgl. inc. fab. 17. 18). Ein richtiger τριχόδειπνος ist
Philokrates bei Eubulos inc. fab. 118 M.

1) Vgl. Phrynichos Μονότροπος fr. 20 K.

2) Die Verwünschung aus der Io des Sannyrion fr. 10 K.: φθείρεσθ᾽ ἐπί-
τριπτοι ψωμοκόλακες.

3) οὐ γὰρ ἄκανθαι drückt vielleicht die Harmlosigkeit seiner Gesinnung aus:
vgl. Aelian var. hist. X 12. Oder heisst es: »es schmeckt ihm gut«? vgl. fr. 183 K.

4) v. Wilamowitz obs. crit. 11 ff. Herm. IX 330.

5) schol. Ven. zu V. 60: ἐν τοῖς πρὸ τούτου δεδιδαγμένοις δράμασιν εἰς τὴν
Ἡρακλέους ἀπληστίαν πολλὰ προείρηται. ποιοῦσι δὲ τὸν Ἡρακλέα γελοίου
χάριν κεκλημένον εἰς δεῖπνον καὶ δυσχεράναντα διὰ τὸ βραδέως
παρατιθέναι τὰ ὄψα. In der Komödie Δράματα ἢ Κένταυρος müsste er ja,
wenn fr. 272 richtig verstanden wird, ἄκλητος zu Pholos gekommen sein, war
also nicht τὸ δεῖπνον ἐξαπατώμενος. Offenbar geht ja auch ποιοῦσι auf die älteren
Dichter. Von Euripides verrathen die Fragmente keine Spur; vielleicht ist in dem
schol. Ven. zu V. 61: οὐ μόνον ἐν τοῖς δράμασιν εἴρηται οὗτος Εὐριπίδης, ἀλλὰ
καὶ ἐν τῷ Προαγῶνι καὶ ἐν τοῖς Ἀχαρνεῦσι zu corrigiren Δαιταλεῦσιν statt
δράμασιν.

An das oben erwähnte Chorlied der Eupolideischen κόλακες (fr. 163) erinnern unverkennbar priapeische Verse aus der Komödie Πέρσαι, welche dem Pherekrates später untergeschoben ist, fr. 131 K.:

ὦ μαλάχας μὲν ἐξερῶν, ἀναπνέων δ' ὑάκινθον,
καὶ μελιλώτινον λαλῶν καὶ ῥόδα προσσεσηρώς.
ὦ φιλῶν μὲν ἀμάρακον, προσκινῶν δὲ σέλινα,
γελῶν δ' ἱπποσέλινα καὶ κοσμοσάνδαλα βαίνων,
ἔγχει κἀπιβόα τρίτον παιῶν', ὡς νόμος ἐστίν [1]).

Umgekehrt wie bei Eupolis scheint hier der Chor aus Besitzern unermesslicher Reichthümer in Wirklichkeit oder in Hoffnung, aus gegenwärtigen oder zukünftigen Nabobs vom Schlaraffenlande bestanden zu haben, wie z. B. auch die Θουριοπέρσαι des Metagenes ein Schlaraffenleben darstellten. Vielleicht war es dort Plutos selbst, welchen der Chor seiner Verehrer [2]) ansang, während jener bei Tafel schwelgte [3]). Auch der kretische Tetrameter eines Chorliedes aus den Τραγῳδοί des Phrynichos fr. 57 K.: ἡδὺ δ' ἀποτηγανίζειν ἄνευ συμβολῶν drückt die Gesinnung des Schmarotzers aus. Dem Hungrigen, der vergebens eine Krippe sucht, begegnen wir in den Ἀποκοτταβί-ζοντες des Ameipsias. Verzweifelnd beschliesst er, indem er sich von einem ungastlichen Freunde trennt, er wolle nun auf dem Markt einen Dienst suchen (natürlich bei Tische) (fr. 1 K.): ἐγὼ δ' ἰὼν πειράσομαι | εἰς τὴν ἀγορὰν ἔργον λαβεῖν, und erhält die schnöde Antwort: ἧττον γ' ἂν οὖν | νῆστις καθάπερ κεστρεὺς ἀκολουθήσεις ἐμοί. Ein solcher (vielleicht der nämliche) war es, der einem Hartherzigen nachrief (inc. fab. 24): ἔρρ' ἐς κόρακας, μονοφάγε καὶ τοιχωρύχε [4]).

In einer besonders reichen Auswahl von Beispielen muss Alexis

---

1) Ähnlich ein κόλαξ im Κωραλίσκος des Epilykos fr. 2 K.: μῆλα καὶ ῥοὰς λέγεις, möglicherweise an den jungen Herrn, der offnes Haus hält, gerichtet. Vermuthlich bestand auch hier der Chor aus Schmarotzern: vgl. die prosodiaci fr. 3 K.

2) Ein Verehrer des Πλοῦτος disputirt gegen einen der Πενία in fr. 130; ein Dieb, der eine silberne Schale mitgehn heisst, wird angerufen in fr. 129.

3) In der gleichfalls apokryphen Pherekrateischen Komödie Χείρων empfahl Jemand (vermuthlich ein Schmarotzer) die Tugend der Gastlichkeit, in feierlichen Hexametern die ὑποθῆκαι Χείρωνος parodirend, fr. 152 f. K.

4) Unter die κόλακες in engerem Sinne wird man nicht rechnen wollen die Freier der Penelope, obwohl einer von ihnen im Ὀδυσσεύς des Theopompos fr. 34 K. den Euripides parodirend τἀλλότρια δειπνεῖν als Kriterium der Glückseligkeit bezeichnet.

seine Lieblingsfigur, den Parasiten, vorgeführt haben. Von der berühmten Charakteristik im Ὀρέστης ist uns leider gar nichts erhalten. Den *edax parasitus* zeigt der Bericht im Παράσιτος, der auch beweist, dass dieser Name erst damals unter den jungen Leuten in Mode gekommen war, fr. 173 M.:

καλοῦσι δ' αὐτὸν πάντες οἱ νεώτεροι
παράσιτον ὑποκόρισμα· τῷ δ' οὐδὲν μέλει κτλ.

Als vollkommen eingebürgert setzt diesen Charakter der Κυβερνήτης voraus, wo ein Missvergnügter, der es noch nicht weit gebracht, seine Collegen in zwei Classen theilt (fr. 114 M.): die gemeine, in der Komödie verarbeitete, die sogenannten schwarzen, zu denen er sich selbst rechnet (οἱ μέλανες ἡμεῖς), und die vornehmere (γένος σεμνοπαράσιτον), zu der Satrapen und hervorragende Strategen gehören, die sich höchst ehrbar und stolz benehmen und Reichthümer zusammenscharren, echte Genossen und Nachkommen der höfischen κόλακες alten Stils (ὀφρῦς ἔχον | χιλιοταλάντους ἀναχυλίον τ' οὐσίας). Beiden ist gemeinsam das wesentliche Kennzeichen ihres Berufs, κολακείας ἀγών, aber die letzteren erfreuen sich blühenden Wohlstandes, während die anderen betteln gehen (fr. 114). Es ist ein saures Brod, was sie verdienen. Nie sei es ihm so kümmerlich gegangen, klagt der Parasit im Πρωτόχορος (190), als seitdem er das Parasitenleben führe (ἀφ' οὗ παρασιτῶ). Lieber Stinte (μεμβράδας) essen in Gesellschaft mit Einem, der attisch plaudern kann. Er ist also an einen Ausländer gerathen, mit dem er sich entsetzlich langweilt.

Schwer hat es auch der Parasit in der Komödie Ὕραυνος (Kohlenpfanne), denn sein Gönner Demeas, ein vornehmer Eteobutade, läuft so schnell durch die Strassen, dass der nachkeuchende Begleiter noch eher mit dem Pegasos oder den Boreaden glaubt Schritt halten zu können. Dennoch fliesst er gleich darauf in Versicherungen unwandelbarster Liebe und Anhänglichkeit an seinen Brodherrn über (fr. 196). Schwer empfindet nach seiner Versicherung ein Anderer in den Συναποθνήσκοντες die unselige Tyrannei des Bauches (p. 205): ihm gilt der Bauch für ein grosses Unglück des Menschen; was lehrt er uns alles und zu wievielem zwingt er uns! könnte man diesen Theil von unserem Körper trennen, so würde Niemand mehr freiwillig sich misshandeln lassen: um seinetwillen passiren alle Unannehmlichkeiten [1]). Melancholisch klingen die Hexameter aus dem Ψευδόμενος (fr. 255):

κόλακος δὲ βίος μικρὸν χρόνον ἀνθεῖ.
οὐδεὶς γὰρ χαίρει πολιοκροτάφῳ παρασίτῳ.

Vergeblich hat jener im Φρύξ auf dem Markt nach einer Einladung ausgeschaut und geht nun mit leerem Magen heim (fr. 251):
ἐγὼ δὲ κεστρεὺς νῆστις οἴκαδ' ἀποτρέχω. Ungeladen hat sich zum Schmause der eingefunden, zu welchem im Τυνδάρεως fr. 234 der Hausherr sagt: du scheinst mir ein Kyrenäer [2]) zu sein; wenn man da Einen zu Tische ladet, so kommen noch 18 andere und 10 Wagen und 15 Gespanne, die alle mitessen wollen, so dass es am besten gewesen wäre, keinen einzuladen. Dagegen der Hochzeitsgast im Τοκιστής hat, gewiss auf Grund besonderer Verdienste, eine richtige Einladung erhalten, daher er denn auch das äusserste bei Tafel leisten will: er hofft zu platzen, denn das ist die Todesart, die er sich wünscht (fr. 226).

Schon sind einzelne Genies erstanden, welche in ihrer Kunst Bahn brechen und als hervorragende Repräsentanten ihrer Classe einen glänzenden Namen erwerben: Chairephon, von dem in der Komödie Φυγάς (fr. 252) gerühmt wird, dass er die Kunst sich auch ungeladen Gratis-Diners zu verschaffen, eben entdeckt habe; ferner Tithymallos, in der Μίλησία, im Ὀδυσσεὺς ὑφαίνων (fr. 153), in der Ὀλυνθία (fr. 156) verherrlicht.

Von gutem Humor und von ihren vielseitigen Gaben wie von den Freuden ihres Standes eingenommen sind die Parasiten des Antiphanes, namentlich in den Stücken Παράσιτος, Δίδυμοι, Λήμνιαι, Πρόγονοι. Eine Art für sich bildet der παράσιτος αὐτόσιτος im Ἀπαγχόμενος des Krobylos, eines Zeitgenossen des Hypereides [3]), der zwar einem δεσπότης zugethan ist und an seinem Tisch Theil nimmt, aber sich selbst verpflegt [4]), ein Kostgänger, so zu sagen, ob nun vielleicht der Herr momentan in ärmlichen Ver-

---

1) Vgl. die ähnliche Betrachtung in des Diphilos Παράσιτος fr. 57 M.
2) Über die τρυφή der Kyrenäer Eupolis fr. 191 M. (189 K.).
3) Meineke hist. cr. 190 f.
4) fr. 1, S. 1169 (IV 565) M.: παράσιτον αὐτόσιτον· αὐτὸν γοῦν τρέφων τὰ πλεῖστα συνεράνιστος εἰ τῷ δεσπότῃ.

hältnissen, heruntergekommen ist, oder wie die Sache sonst mag zusammengehangen haben.

Aus der Entwicklungsgeschichte des hier erörterten Charakters, wie wir sie in Obigem zu geben versucht haben, ergiebt sich mit grosser Wahrscheinlichkeit, dass der Διονυσαλέξανδρος des Kratinos dem jüngeren dieses Namens gehörte[1]), mag nun Alexandros von Makedonien oder von Pherae als Dionysos zu verstehen sein. Für beide passten κόλακες und βδελλολάρυγγες ἀνεπάγγελτοι[2]), von denen einer, wie es scheint, seine Sache gegen einen Widersacher vertheidigt[3]). Wenn derselbe Dichter eine Komödie Γίγαντες (nicht Τιτᾶνες) schrieb, so lässt sich dabei an einen Chor von Schmarotzern (γηγενεῖς, Terrae filii) denken, die vielleicht ähnlich wie die κόλακες des Eupolis mit Schlangenbeinen gebildet waren. Dazu stimmt vollkommen die Schilderung eines jener Giganten, des Korydos, in den Orakelversen fr. 8: Κόρυδον τὸν χαλκοτύπον πεφύλαξο ..... ἔχει γὰρ χεῖρα κραταιάν, | χαλκῆν, ἀδάματον, πολὺ κρείττω τοῦ πυρὸς αὐτοῦ.

Durch die schon erwähnte Verbindung mit dem prahlerischen Offizier bei Menandros erhielt die nachgrade etwas abgebrauchte Figur ein frisches Interesse. Der βωμολόγος nimmt eine Dosis εἰρωνεία an[1]), und die geistige Überlegenheit des ironischen Schmeichlers gegenüber dem eitlen Gecken und plumpen Bramarbas giebt ihm auch für die dramatische Handlung grössere Bedeutung. Die Berühmtheit des Menandrischen Κόλαξ wird durch die wiederholten Bearbeitungen und Entlehnungen von Naevius, Plautus, Terenz bewiesen. Dagegen trat im Δὶς ἐξαπατῶν und auch in dem anonymen Ἀλαζών die Rolle dieses militärischen Begleiters bedeutend zurück, wenn wir nach den Bacchides und dem miles gloriosus des Plautus urtheilen dürfen. Mehr in den Geleisen des Alexis und An-

---

1) So schon Porson und Meineke hist. cr. 57, der aber S. 413 wieder schwankt. Bei dem älteren bleibt Kock. Freilich fügt keiner der Citirenden dem Dichternamen hinzu ὁ νεώτερος, wie sonst häufig, obwohl nicht ausnahmslos geschieht.

2) fr. 41 K. βδελλολαρύγγων ἀνεπαγγέλτων † αὐτῷ φοιτήσας ἐπὶ δεῖπνον (μέτα φοιτήσας; Kock φοιτησάντων Meineke).

3) οὐ γάρ τοι σύγε πρῶτος ἄκλητος φοιτᾷς ἐπὶ δεῖπνον ἄνηστις; Er beruft sich auf die zwingende Gewalt des Hungers.

4) Bei Pollux VI 122 stehen als Synonyma neben einander: κόλαξ βωμολόγος εἴρων. Vgl. Donat zu Ter. eun. 270 f. 279. 403. 773. 788. 1090. 1093.

tiphanes hielt sich wohl Diphilos, dessen Τελεσίας als besonders
gelungene Charakteristik des Parasiten der des κόλαξ bei Menander
an die Seite gestellt wird [1]). Doch brachte auch er eine neue Spiel-
art, die des unfreundlichen, erzürnten Parasiten auf [2]). Wenigstens in der διασκευή der Συνωρίς [3]) wurde ein solcher Fall bespro-
chen (fr. 72): »er zürnt? er ist ein Parasit und zürnt?« — »O nein«,
sagt der Hausherr selbst oder ein höhnischer Gast, »er will sich nur
von dem Tisch entwöhnen und hat ihn daher mit Galle beschmiert,
wie man für Kinder, die man von der Mutter- oder Ammenmilch
entwöhnen will, die säugende Brust mit etwas Bitterem bestreicht.«
Es gab einen Wortwechsel, in dem der gekränkte Parasit seine Würde
wahrte und behauptete, er komme in der Tischrangordnung gleich
nach dem Kitharöden (fr. 73), der auch zugegen war (fr. 75). Die
Scene war bei der Hetäre Synoris. Nach Tisch würfelt der Parasit
mit ihr und weiss ihr durch ein geschickt contaminirtes und inter-
polirtes Citat aus Euripides (dem Lieblingsdichter dieser Menschen-
kinder: vgl. Παράσιτος fr. 60) nachzuweisen, wie hoch dieser Weiber-
feind Leute seines Schlages geschätzt habe (fr. 71).

Auch bei den Römern finden wir den galligen und rachsüch-
tigen Parasiten wieder: in der Asinaria (V 2) und in den Menaechmi (450. 471 f. 518 ff.), wo von dem Element der adsen-
tatio eigentlich nichts übrig bleibt. Übrigens macht der anhängliche
Geselle als langjähriger Hausfreund und kluger Rathgeber in der
Palliata öfters dem erfindungsreichen Sclaven Concurrenz: so spielt
er den geriebenen Intriguanten und Sykophanten, aber zu Gunsten
des jungen Herrn, im Phormio, den gewandten Gauner zu gleichem
Zweck im Curculio. Als opferwilliges Werkzeug für die Intrigue
dient er im Persa. An den älteren Typus erinnert wieder der zur
Disposition gestellte, verwaiste, ausschliesslich mit sich und seinem
Hunger beschäftigte Parasit im Stichus und in den Captivi. So
geben uns erst die römischen Bearbeitungen eine etwas vollere Anschauung von der mannigfachen Verwendung dieser Charakterrolle

---

1) Vielleicht waren Τελεσίας und Παράσιτος identisch.

2) Vgl. Lucian Parasit 52 p. 876.

3) Vielleicht auch im Παράσιτος, fr. 60: οὐ δεῖ παρασιτεῖν ὄντα δυσάρεστον
σφόδρα (oder δυσάρεσκον?).

in der dramatischen Ökonomie. Eigenthümliche Motive boten ferner
Parasitus piger und Parasitus medicus des Plautus. In dem
letztgenannten Stücke muss dem Schmarotzer unfehlbar eine starke
Mischung von ἀλαζονεία beigegeben sein. Dass aber Plautus seine
edaces parasiti mehr, als der feinere Geschmack der Augusteischen
Schule ertrug, in das Gebiet der Possenreisser (βωμολόχοι) über-
schweifen liess, bemerkt Horaz epist. II 1, 173: »aspice, Plautus . . .
quantus sit Dossennus[1]) edacibus in parasitis«. Nachdem aber mit
dem Strom der eingewanderten Graeculi auch dieser zudringliche
Fremdling auf römischem und italischem Boden heimisch geworden
war, fand er auch in den verschiedenen Gattungen des nationalen
Lustspiels seine Verwendung. In der Gemina (fr. VI. VII) und im
Quintus (fr. III) des Titinius werden Parasiten als Verderber der
Jugend gescholten; im Vopiscus (fr. XIV) des Afranius wird einem
undankbaren vorgehalten, dass man ihn bisher als gleichgestellten
Hausfreund und täglichen lieben Gast behandelt habe. In der Atellana hatte der Dossennus als Manducus die Rolle des Parasiten zu vertreten[2]): natürlich, dass gerade hier sein Appetit noch
mehr als sonst, wo möglich, betont wurde. Der Hungerleider, der
nach einer cena, manchmal vergeblich, schnappt, erschien in den
Atellanen Maialis (fr. III) und Prostibulum (fr. III—V) des Pomponius. Fast regelmässig fiel im Mimus die zweite Rolle dem
Parasiten zu[3]): die Leiden und Enttäuschungen des hungrigen Gastes
waren ein beliebter Stoff[4]). Laberius endlich hat einen Mimus
unter dem Titel Colax gedichtet. Ausserdem lässt eine stattliche
Reihe von Fragmenten die Beziehung auf den Parasiten zu.

Eine Ergänzung unserer Kunde von der Komödie gewährt die
Satire, welche so vielfach aus ihr als dem Spiegel des Lebens
schöpft. Schon Ennius liess im 6ten Buch seiner Satiren einen
selbstzufriedenen Parasiten die Bequemlichkeiten seines Standes prei-

---

1) Dieser Ausdruck erklärt sich durch die gleich zu erwähnende Verwendung
des Dossennus für die Rolle des Parasiten in der Atellana.

2) Vgl. Varro de l. l. VII 95 M. (com. Rom. fr. p. 271 fr. I) Isidor gl.:
»dossennus, persona parasitorum«.

3) Festus p. 326 M. Horaz epist. I 18, 10 f.: vgl. com. Rom. fr. p. 399.

4) Iuvenal V 157. »nam quae comoedia, mimus Quis melior plorante gula?«

sen[1]). Dann unterscheidet Lucilius (XXVII fr. 10 M. = 659 f. L.)
die Zwecke des wahren Freundes und des Parasiten:

> cóen' non curat cauda insignem esse illam, dum pingnis siet:
> sic amici quaerunt animum, rem parasiti ac ditias.

Aus dem harmlosen Tellerlecker, der froh ist, wenn er täglich an
fremder Tafel seinen Bauch füllen darf, entwickelt sich nun aber in
Rom im Schwarm betriebsamer und hungriger Graeculi (Juvenal III
69 ff.), die als Hausfreunde (»viscera magnarum domuum dominique
futuri« 72) sich in die Familien einzunisten verstehen, der kriechende Erbschleicher, wie ihn Horaz (sat. II 5) darstellt, bei
dem wir auch parasitae in der Begleitung der Matrone finden
(sat. I 2, 98). Ganz an die attische Komödie erinnern die Schilderungen des richtigen κόλαξ epist. I 18, 10 ff. und bei Juvenal III
41 ff. (vgl. den bescheidenen Clienten an der Tafel seines Patrons:
sat. V). Die vornehmen *adulatores* am Hofe des Domitian geisselt die
vierte Satire. An die Verwandtschaft der Hofnarren, der hohen und
niederen Sporteljäger, der *salutatores* und *adsectatores*, sowie der
ardaliones mit den κόλαξες alten Schlages braucht endlich nur kurz
erinnert zu werden[2]).

---

1)   Quippe sine cura laetus lautus cum advenis
    insertis malis, expedito bracchio,
    celsis alacer, lupino expectans impetu,
    mox cum alterius abligurrieris bona:
    quid censes domino esse animi? pro divom fidem!
    ille tristis dum suom servat, tu ridens voras.

V. 2 *insertis* wage ich nicht zu ändern, es steht im Gegensatz zu *expedito*.
Die Backen des hungrigen Parasiten sind vor der Mahlzeit wie eine Tasche ein-
geschlagen. *intentis*, wie Ritschl op. III 794 vorschlug, würde erst auf den essen-
den passen. V. 3 *alacer celsus* (so die Hss.) schützt Vahlen Rhein. Mus. XIV 568, der
den Spondeus im zweiten Fusse durch Annahme von Lücken vor und nach beiden
Worten beseitigt. V. 4 *abligurias* die Leydner Handschrift. *obligurrias*, *abligngas*
andere. V. 6 *dum suom* von mir vorgeschlagen Rhein. Mus. X 277. *dum ciuinm*
Lugd. *cibum dum* Vahlen (nach Murets Vorgang).

2) Friedländer Sittengesch. I² 131 ff. 365 f. Marquardt Privatleben d. Röm.
I 201 f.

Verzeichniss der Komödien, in denen ein κόλαξ (παράσιτος) oder
mehrere auftraten.

I. Griechische:

Epicharmos Ἐλπίς ἢ Πλοῦτος

Eupolis Κόλακες. Χρυσοῦν γένος? (fr. 289 K.)

Aristophanes Γηρυτάδης (fr. 166 f. K.). Δράματα ἢ Κένταυρος?
(fr. 272). Ταγγνισταί? (fr. 491 f.)

Philonides Κόθορνοι? (fr. 1)

Phrynichos Τραγῳδοί? (fr. 57)

Ameipsias Ἀποκοτταβίζοντες (fr. 1). Σφενδόνη (fr. 19). inc. fab. 24

Pherekrates? Πέρσαι. Χείρων? (fr. 152 f.)

Metagenes inc. fab. 17

Theopompos Ὀδυσσεύς? (fr. 34)

Epilykos Κωραλίσκος (fr. 2)

Antiphanes Δίδυμοι. Διπλάσιοι? (fr. 86 M.). Λήμνιαι (fr. 144).
Παράσιτος. Πρόγονοι. Σκύθαι (fr. 199 f.). Τυρρηνός? fr. 210).
inc. fab. 230. 248 f.

Anaxandrides Γεροντομανία (fr. 10)

Eubulos Οἰδίπους (fr. 72) Διονύσιος? inc. fab. 118. 134

Nikostratos Πλοῦτος. Τοκιστής

Amphis Γυναικομανία. inc. fab. 38

Aristophon Ἰατρός (fr. 3)

Kratinos der jüngere Γίγαντες? Διονυσαλέξανδρος

Alexis Ἀρχίλοχος? (fr. 22). Κυβερνήτης. Μιλησία. Ὀδυσσεὺς ὑφαίνων. Ὀλυνθία. Ὀρέστης. Πρωτόχορος. Πύραυνος. Συναποθνήσκοντ-
τες. Τήλεφος. Τυνδάρεως. Τοκιστής. Φρύξ. Φυγάς. Ψευδόμενος

Antidotos Πρωτόχορος

Axionikos Χαλκιδικός

Epigenes Βάκχαι? (fr. 2)

Diodoros Ἐπίκληρος

Sophilos Φύλαρχος?

Timokles Δρακόντιον. Ἐπιχαιρέκακος. Ἥρως? (fr. 13)

Philemon Ἀνανεουμένη. (Κόλαξ.) Μετιών?

Menandros Κόλαξ. Μέθη. Ὀργή

Diphilos Γάμος? (fr. 23). Θησεύς. Λήμνιαι? Παράσιτος. Συνωρίς.

Lynkeus Κένταυρος?

Apollodoros von Karystos: Ἐπιδιχαζόμενος. Ἱέρεια?
Hegesippos Φιλεταῖροι
Euphron Αἰσχρά? Μοῦσαι?
Kriton Φιλοπράγμων
Krobylos Ἀπαγχόμενος
Nikolaos inc. fab.

II. Römische:

Naevius Carbonaria? Colax nach Menandros (fr. I). Guminasticus
(fr. VIII)

Aquilius: Boeotia (fr. I)

Plautus: Asinaria. Bacchides. Captivi. Colax. Curculio. Menaechmi.
Miles gloriosus. Parasitus medicus. Parasitus piger. Persa. Stichus

Caecilius: Asotus (fr. V? VI). Epistula (fr. 2)

Terentius: Eunuchus. Phormio

Turpilius: Demetrius (fr. IX?)

Pall. inc. fab. XLVI? LV?

Titinius: Gemina (fr. VI. VII). Procilia (fr. XI? X?). Quintus (fr. III).
inc. fab. VII?

Afranius: Brundusinae (fr. III?). Fratriae (fr. XVI? XVIII?). Simulans (fr. V?). Vopiscus (fr. XIV)

Pomponius: Maialis (fr. II?) III. Munda (II?). Prostibulum (fr. III.
IV. V). inc. fab. VI?

Novius: Baucalus (vgl. Haupt Herm. VI 386 f.). Dapatici? Fullones? Fullones feriati (fr. I?). Milites Pometinenses (fr. III?)

Inc. nom. rel. p. 276

Laberius: Colax. Fullo (fr. II?).

IV.

Die historische und ethologische Litteratur der Alten bot ein
überreiches Material über Geschichte und Wesen der κολακεία wie
ihrer Jünger und Meister. Schon erwähnt ist Klearchos von Soloi,
der in seiner lehrreichen Schrift Γεργίθιος (benannt nach einem
der κόλακες des Alexandros) nach den Anschauungen und Traditionen
seiner Heimathsinsel Kypros den Gegenstand behandelt hat[1]). Auch

---

[1] Müller fr. hist. Gr. II p. 310 ff.

in den Ἐρωτικά, in den Büchern περὶ φιλίας, in den βίοι desselben Verfassers kam die Rede gelegentlich auf κόλακες und Parasiten. Historischen Inhaltes ist auch das einzige Fragment (LXXXIII W.) aus dem Buch des Theophrastos περὶ κολακείας¹).

Gleichsam die Vorgeschichte der Parasiten, die Nachrichten über geistliche Parasiten stellte Polemon in der περὶ ἀδόξων ὀνομάτων ἐπιστολή aus den Monumenten und der Litteratur (z. B. Philochoros τετράπολις, Krates ἀττικὴ διάλεκτος u. s. w.) zusammen. Den Anfängen des Parasitenthums in der älteren Litteratur, vornehmlich bei Homer, ging (vermuthlich in seinem Τρωϊκὸς διάκοσμος und vielleicht mehr in scherzhaftem Sinne) Demetrios von Skepsis nach, der Zeitgenosse des Krates und Aristarchos²), während Karystios von Pergamon περὶ διδασκαλιῶν die Aufnahme der Parasitenrolle auf der attischen Bühne erörterte.

Über einzelne namhafte κόλακες und Parasiten war eine überfliessende Menge von Anekdoten in den zahl- und umfangreichen ἱστορίαι, βίοι, ἀπομνημονεύματα, besonders der Makedonischen Zeit ausgeschüttet. Dieses bunte Material ist dann zerstreut in ὑπομνήματα wie die des Didymos zu Kratinos Eupolis Menandros, in andere Sammelwerke wie des Pamphilos, dann weiter in die Compilationen und Excerpte eines Athenaeus, Pollux, Diogenian, aus letzterem endlich in die Glossare.

Die Charakteristik des κόλαξ, welche Theophrastos in seinem Werk περὶ ἠθῶν gegeben hat, scheint noch vollständiger, als wie sie in dem zweiten Capitel der Theophrastischen Charaktere jetzt vorliegt, Plutarchos gelesen und für seine Abhandlung, »wie man den φίλος vom κόλαξ unterscheiden könne«, ausgenutzt zu haben³).

---

1) Hierher gehört auch das Citat bei Athenaeus X p. 435E.

2 Vgl. Gaede: Demetrii Scepsii quae supersunt fr. 71. Auch was bei Athenaeus V 3 über ὁμηρικὰ συμπόσια steht, könnte von Demetrius entlehnt sein, zumal da sich die ganze Erörterung dort um Ilias B 404 und 408 dreht, eine Stelle, die dem Schiffskatalog, über den er ja speciell gehandelt hat, vorangeht. Einige Anklänge auch in den Scholien.

3 Vgl. Heylbut de Theophrasti libris περὶ φιλίας p. 28, der p. 33 das Buch περὶ κολακείας für einen Theil der π. φιλίας hält. Auf Theophrast hat schon Wyttenbach hingewiesen zu Plut. p. 53 F. Nur an den Titel der Plutarchischen Abhandlung erinnert des Maximus Tyrius unergiebige diss. XX: τίνι χωριστέον τὸν κόλακα τοῦ φίλου. Den Unterschied zwischen φίλος und κόλαξ hat

Der κόλαξ[1]) stellt sich die Aufgabe, dem, welchem er sich angeschlossen hat, in alle Wege, durch dick und dünn angenehm (ἡδύς) in Thaten und Worten zu sein, und zwar um seines eignen Vortheils willen. Wie unechtes Gold den Glanz und Schimmer des echten, so ahmt er gleissnerisch die Holdseligkeit und Gefälligkeit des wahren Freundes nach[2]), doch währt seine Treue nur so lange, als Glück und Wohlstand des Herrn[3]). Jenem σεμνοπαράσιτον γένος des Alexis (fr. 114) schliessen sich die feineren Hausfreunde und Vertraute an, welche ihre κολακεία unter ernsthaft ehrbarer Miene zu verstecken wissen. Plutarch[4]) nennt sie die tragischen im Gegensatz zu denen der Komödie, oder die wilden, d. h. gefährlichen, im Gegensatz zu den zahmen[5]), jenen harmlosen armen Schluckern, die nicht einmal einen Burschen haben, der ihnen die Oelflasche zur Palästra trägt (αὐτολήκυθοι), und froh sind, wenn sie am Tisch geduldet werden (τραπεζεῖς), — Possenreissern und ekelhaften Kerlen, deren Gemeinheit in Teller und Becher aufgeht[6]).

Nicht ganz übereinstimmend, aber doch ähnlich unterscheidet Donat eine gemeinere Gattung der Parasiten, welcher der Terenzische Phormio angehöre, und eine vornehmere, der adsentatores, die erst in neuerer Zeit (vgl. Eun. 247) aufgekommen sei, vertreten durch Gnatho im Eunuchus[7]).

---

schon Antiphon, der Zeitgenosse des Sokrates, erörtert, aus dessen Schrift περὶ ὁμονοίας u. a. folgender Satz erhalten ist: πολλοὶ δ᾽ ἔχοντες φίλους οὐ γιγνώσκουσιν, ἀλλ᾽ ἑταίρους ποιοῦνται θῶπας πλούτου καὶ τύχης κόλακας (Begleiter, Nachtreter des Glückes): fr. 109 Bl. bei Suidas s. v. κολακεία. Vgl. Blass Att. Beredsamkeit I S. 99 ff. Übrigens dürfte der Inhalt sich mit Synonymik befasst haben, ebenso wie in der gleichbenannten Schrift des Chrysippos.

1) Einiges zur Charakteristik in meinem Vortrag über die mittlere und neuere attische Komödie (1857) S. 32 ff. Vgl. auch A. Ilug: de Graecorum proverbio αὐτόματοι κτλ 1874.

2) Plutarch, Unterschied zwischen Freund und κόλαξ p. 50 B.

3) Maximus Tyrius XX 6: ὁ δὲ κόλαξ εὐτυχίας μὲν κοινωνὸς ἀπληστότατος, ἐν δὲ ταῖς συμφοραῖς ἀμικτότατος.

4) A. O. p. 50 E.

5) A. O. p. 61 C.

6) ὧν ἐν μιᾷ λοπάδι καὶ κύλικι μετὰ βωμολοχίας καὶ βδελυρίας ἡ ἀνελευθερία γίγνεται κατάδηλος: Plutarch über den Unterschied zwischen Freund und κόλαξ p. 50 C.

7) Donat zu Ter. Phormio III 1 (II 2): 'in hac scaena de parasitis vilioribus

Wir beginnen mit dem vulgären edax parasitus. Er ist ein Freigeborener, bisweilen guter Eltern Kind; nachdem er oder sein Vater das Vermögen durchgebracht hat, ist er zu diesem Erwerb gedrängt worden, der ihn von der Gnade übermüthiger Emporkömmlinge (νεόπλουτοι) abhängig macht[1]). Sein Tyrann ist der Bauch[2]), ein Gefäss von wunderbarer Fassungskraft[3]). Ein Ungethüm, ganz Bauch, das Auge nach allen Seiten spähend, auf den Zähnen kriechend, das ist — nicht etwa der Krebs, sondern der Parasit[4]). *Fames* ist die Mutter des Gelasimus im Stichus, denn seit seiner Geburt ist er nie satt gewesen. Als dankbarer Sohn trägt er zur Vergeltung sie, die ihn doch nur 10 Monate lang als Frucht im Leibe getragen, nun schon länger als 10 Jahre im Magen als centnerschwere Riesin; täglich hat er Wehen und kann doch nicht von ihr entbunden werden[5]). Er selbst ist, wie er vom Vater weiss, zur Zeit einer Theurung geboren, daher sein Appetit[6]). Wenn mich doch Jemand wie eine Gans mästen wollte! wünscht ein anderer[7]). Epikur hatte Recht, ἡδονή für das Gute zu erklären, aber das höchste Gut ist essen (μασᾶσθαι), wo eben das Gute zur ἡδονή hinzukommt[8]). Des Lebens Amme, Hüterin der Freundschaft, Feindin des Hungers, ἰατρὸς ἐκλύτου βουλιμίας ist die Tafel[9]). Nicht Feuer, nicht Eisen oder Erz hält den κόλαξ ab zur Mahlzeit zu gehen[10]), geladen oder ungeladen[11]). Das war ein guter Demokrat, der τάλλότρια δειπνεῖν erfunden hat; wer dagegen von seinen Gästen einen Beitrag zur Mahlzeit (συμβολάς) verlangt,

Terentius proponit imaginem vitae, ut in Eunucho de potioribus et his, qui nuper processerint, id est de adsentatoribus, animadvertendum autem huiusmodi genus hominum magis a Terentio lacerari'.

1) Vgl. Alkiphron III 61. Terenz Eun. 235: 'conveni hodie adveniens quendam mei loci hinc atque ordinis Hominem haud inpurum, itidem patria qui abligurrierat bona'.

2) Alexis fr. 205: der Parasit spricht.

3) Diphilos fr. 57, Monolog eines Parasiten.

4) Com. anon. fr. 497. Ergasilus in den Captivi 187: 'cum calceatis dentibus veniam tamen'.

5) Plautus Stichus 155ff.

6) Stichus 179f.

7) Epigenes fr. 2.

8) Hegesippos fr. 2: der Parasit spricht.

9) Timokles fr. 13.

10) Eupolis fr. 118 Chor der κόλακες).

11) Epicharm Ἐλπὶς fr. 2 (Parasit).

verdient aus seinem Hause gejagt zu werden[1]) Wer vollends Einen
verhindert einen Schmaus zu geben, der verdient den Flüchen des
Buzyges anheimzufallen[2]). Daher ist es auch heilige Pflicht, bei einem
ἀσύμβολον δεῖπνον pünktlich zu erscheinen: wer sich da verspätet,
ist im Stande auch in der Armee zu desertiren[3]). Der Gewissenhafte
hält sich schon vorher in der Nähe der Küche auf und misst sorg-
fältig die Schatten, um zu ermitteln, wie lange es noch hin ist bis
zur Essstunde[4]); denn die Zeit wird ihm gar lang und er verwünscht
wohl die Einrichtung der Sonnenuhren, die sich an das Gebot des
Magens nicht kehren, welcher doch einzig und allein entscheiden
sollte[5]). Er beobachtet die Vorzeichen: geht ein fetter Rauch aus der
Küche grade in die Höhe, so frohlockt er und verspricht sich eine
gute Mahlzeit; sieht er aber nur ein dünnes Wölkchen in schräger
Richtung, so denkt er sich gleich, dass es nichts Solides geben wird[6]).

Der Parasit vereinigt das Raffinement des Feinschmeckers (ὀψο-
φάγος) mit dem unersättlichen Schlund des Vielfrasses (ἀδηφάγος).
Den Küchenzettel macht er mit gleichmässiger Berücksichtigung der
Qualität und Quantität am liebsten selbst[7]).

Ist er erst an der Arbeit, so überlässt er vorläufig gern den
Andern das Gespräch und ruht selber nicht, bis er reinen Tisch gemacht und sogar den Teller durchbohrt und zum Sieb verwandelt hat[8]).

Die jungen Leute nennen ihn alle durch die Bank
Aus Neckerei Parasit, doch macht er sich nichts daraus.

Lautlos bei Tische schmausend sitzt der Telephos;

----

1) Eubulos fr. 72 (Parasit).

2) Diphilos fr. 59 (vgl. Paroemiogr. Gr. I p. 388. Haupt Hermes V 36
Bernays Monatsber. d. Berliner Akad. d. W. 1876 Oct. S. 605.

3) Amphis fr. 38.

4) Plutarch über d. Unterschied zw. φίλος und κόλαξ p. 50 D: vgl. Eubulos
fr. 118 Menandros fr. 353 Hesychius s. vv. δεκάπουν στοιχεῖον. δωδεκάποδος
(ἐπτάπους σκιά).

5) Aquilius fr. I. Bei Alkiphron III 4 schlägt ein Parasit, der die sechste Stunde,
die der Mahlzeit, nicht erwarten kann, vor, den Sonnenzeiger entweder umzu-
stürzen oder umzustellen. Dasselbe deutet der Name Ἐκτοδιώκτης im folgenden
Briefe an.

6) Diphilos fr. 58.

7) Plautus Persa 93 ff. 105 ff. Capt. 159 ff. 909 ff. Menaechm. 209 ff. Curcul.
319 ff. 366.

8) Alexis fr. 256.

3*

Frägt man ihn was, so nickt er blos, dann schnauft er so,
Dass oft der Hausherr zu den Kabiren ängstlich fleht,
Den fürchterlichen Sturmwind zu beschwichtigen.
Ein Ungewitter für die Freund' ist dieser Mensch[1]).
Bei einem Hochzeitsschmaus zu platzen, das ist die schönste Todes-
art, die sich ein solcher denken kann[2]). Bisweilen machen sich die
Tischgenossen den rohen Spass, ihm gewaltsam Festes und Flüssiges
in Massen einzufüllen wie in ein Fass, so dass es entsetzliche Kata-
strophen giebt[3]). Sein aufgetriebener Bauch könnte Athleten als
Pauksack dienen[4]).

Er sitzt zu unterst am Tisch[5]), nimmt im Nothfall mit dem eng-
sten Platz vorlieb, nur ebensoviel wie ein Hund zum Liegen braucht[6]).
Sobald das Handwasser (vor Beginn der Mahlzeit) gereicht ist[7]),
gehen von Rechtswegen seine Functionen als Spassmacher (γελωτοποιός, βωμολόχος, *ridiculus homo*)[8]) an. Er hat die Pflicht, geistreich
und witzig zu sein[9]): τοῖς δ' ὁ κόλαξ πάμπρωτος ὑφαίνειν ἤρχετο μῶκον,
hiess es in einem parodischen Gedichte, vielleicht des Matron[10]).
Dazu bereitet er sich vor aus Apophthegmen- und Anekdotenbüchern[11]),

---

1) Alexis fr. 173. V. 4 vor ὥστε sind zwei Halbverse im griechischen Text
ausgefallen.

2) Alexis fr. 226: vgl. Phoinikides fr. 3.

3) Alkiphron III 7

4) Timokles im Πύκτης fr. 29:
        εὑρήσεις δὲ τῶν ἐπιστιτίων
    τούτων τινάς, οἳ δειπνοῦσιν ἐσφυδωμένοι
    τἀλλότρι', ἑαυτοὺς ἀντὶ κωρύκων λέπειν
    παρέχοντες ἀθληταῖσιν.

5) Plautus Stichus 489: 'scis tu med esse unum imi subselli virum'. (vgl.
493) Capt. 471: 'nil morantur iam Lacones imi subselli viros'.

6) Stichus 620.

7) Plutarch φίλος u. κόλαξ p. 50 C: τοὺς αὐτολήκυθους ... καὶ τραπεζέας καὶ
μετὰ τὸ κατὰ χειρὸς ὕδωρ ἀκουομένους, ὥς τις εἶπε, dazu Wyttenbach.

8) Stichus 171 Capt. 470. 477.

9) Epicharmos a. O. V. 4 f.: τηνεῖ δὲ χαρίεις εἰμὶ καὶ ποιέω πολὺν | γέλωτα
καὶ τὸν ἱστιῶντ' ἐπαινέω. Eupolis fr. 159, 12: οὐ δεῖ χαρίεντα πολλὰ | τὸν
κόλακ' εὐθέως λέγειν, ἢ 'κφέρεται θύραζε.

10) Athenaeus V p. 187 A: vgl. Meineke anal. crit. ad Athen. p. 63. 85.

11) Stichus 400: 'ibo intro ad libros et discam de dictis melioribus'. 454:
'libros inspexi: tam confido quam potis, Meum me obtenturum regem ridiculis
logis'. (221: 'logos ridiculos vendo') Saturio im Persa 392 ff. zu seiner Tochter:

die er besitzt, und die neben Badestriegel, Oelflasche, zwei Röcken, mit denen er wechselt[1]), und einigen anderen nothwendigen Toilettengegenständen bisweilen sein ganzer Reichthum sind[2]). Erzielt er nicht die gehörige Wirkung, so muss er wenigstens passiv die Kosten der Unterhaltung tragen, muss sich den muthwilligsten Schabernack[3]), Ohrfeigen und Prügel aller Art[4]) gefallen lassen; Töpfe jeder Bestimmung fliegen ihm an den Kopf[5]), was ihm gelegentlich ein Auge kosten kann[6]); er wird wohl auch hinausgeworfen[7]), in den Block gespannt[8]), und kann unter allen Umständen von Glück sagen, wenn er leidlich heil nach Hause kommt[9]).

Zur Erheiterung der Gesellschaft prügeln sich auch zwei Parasiten gegenseitig und reciliren dazu schallende Anapästen voll attischen Salzes[10]), welche an die zwischen dem Paphlagonier und dem Wursthändler in den Rittern gewechselten Complimente erinnert haben mögen. Oder der Parasit tanzt den κόρδαξ; wenn aber alle beim Zechen eingeschlafen sind, nimmt er wenigstens eine Serviette, falls

'librorum eccillum ego habeo plenum soracum. Si hoc adcurassis lepide, quoi rei operam damus, Dabuntur dotis tibi inde sescenti logi, Atque Attici omnes: nullum Siculum acceperis'. Litterarische Bildung verräth auch das Citat aus einer Tragödie im Curculio 591 ff.

1) Eupolis fr. 159, 5f.

2) Plautus Persa 120 ff. Stichus 218 ff.

3) Alkiphron III 6 45. 48. 51. 61. 66. 68. Noch rohere Spässe als in Athen wurden mit den Parasiten im Peloponnes, in Sparta, Argos, Korinth getrieben: Alkiphron III 51. Ueber die Knickerei der Korinthier klagt der 60. Brief. III 74 (s. Chairephon): Stossseufzer eines Parasiten, dass nicht nur der Herr und die Gäste, sondern auch die Knechte und Mägde ihren Muthwillen an ihm auslassen.

4) Capt. 88. 472 (nil morantur iam) 'plagipatidas, quibus sunt verba sine penu et pecunia'. Entschädigungen für Körperverletzungen des Parasiten setzt die lex convivalis am Schluss des Querolus fest.

5) Aeschylus fr. 191. Plautus Capt. 89. Curcul. 394 ff. Pers. 60.

6) Curculio 394 ff.

7) Plutarch, Unterschied zwischen φίλος und κόλαξ p. 50 D.

8) Eupolis fr. 159, 13: οἶδα δ' Ἀκέστορ' αὐτὸ τὸν στιγματίαν παθόντα · | σκῶμμα γὰρ εἶπ' ἀσελγές, εἶτ' αὐτὸν ὁ παῖς θύραζε | ἐξαγαγὼν ἔχοντα κλοιὸν παρέδωκεν Οἰναῖ.

9) Der Syrakusanische Parasit, der πολλὰ καταφαγών, πολλ' ἐμπιὼν ohne Diener (vgl. Eupolis fr. 159, 3f.) und Leuchte durch die Finsterniss heimtorkelt und dabei den Schaarwächtern (περίπολοι) in die Hände fällt, dankt den Göttern, wenn er mit blossen Prügeln davon kommt: Epicharm Ἐλπίς.

10) Alkiphron III 13.

die Silbergeräthe schon in Sicherheit gebracht sein sollten, unter die
Achsel und macht sich aus dem Staube[1]).
Von der Laune seines Herrn muss er sich Alles gefallen lassen[2]).
Wird er geschimpft, so muss er es sein, der am herzlichsten über
sich lacht[3]). Alle Vorwürfe und Schmähungen, mit denen ihn jener
im Zorn tractirt, muss er von vornherein zugeben, jedem Streit und
Conflict mit aalglatter Geschmeidigkeit ausweichen. Setzt man ihm
ein verdorbenes Stück Fisch von gestern vor, so darf er sich nicht
ärgern[4]). Zurechtweisungen, welche er sich durch vorschnelles πρὸς
χάριν λέγειν zuzieht, hat er mit Dank hinzunehmen[5]).

Leider unterwerfen sich auch Gelehrte und Philosophen einer
so schnöden, freiwilligen Knechtschaft (ἐθελοδουλεία, δουλοπρέπεια).
Sie eifern gegen die κολακεία und übertreffen einen Gnathonides oder
Struthias darin. Um sich durch die Aufwartung am Morgen (*salutatio*)
die Einladung zu Tisch zu verdienen, stehn die *togati* in Rom um
Mitternacht auf, machen die Runde durch die Stadt, lassen sich von
den Dienern der Reichen verächtlich behandeln, müssen es als hohe
Gunst des Herrn ansehn, wenn ihnen gestattet wird, Brust oder Hand
desselben zu küssen; und was müssen sie dann bei Tafel herunter-
schlucken von schlechten Speisen und Getränken, von faden Redens-
arten, von Demüthigungen aller Art! Mit Unrecht schimpfen sie

---

1) Alkiphron III 46. Stibitzereien des Parasiten: 47. 53. Vgl. Eupolis fr.
168. Bekanntlich gehörte dergleichen auch im Kreise des Catull zu den nicht
ungewöhnlichen Scherzen: c. 12. 25.

2) Vgl. Antiphanes fr. 81. 8f. Menander inc. fab. 586.

3) Plutarch über d. rechte Art zu hören 16 p. 46 C. Vgl. Lukian Timon
45, 159: γυπῶν ἁπάντων βορώτατε καὶ ἀνθρώπων ἐπιτριπτότατε. — ἀεὶ φιλο-
σκώμμων σύ γε.

4) Axionikos fr. 6, 9:

οἷον φίλερις τίς ἐστι καὶ μάχεταί τί μοι·
μεταβαλόμην πρὸς τοῦτον, ὅσα τ᾽ εἴρηκέ με
κακῶς, ὁμολογῶν εὐθέως οὐ βλάπτομαι.
πονηρὸς ὤν τε χρηστὸς εἶναί φησί τις,
ἐγκωμιάζων τοῦτον ἀπέλαβον χάριν.
γλαύκου βεβρωκὼς τέμαχος ἑφθὸν τήμερον
αὔριον ἕωλον τοῦτ᾽ ἔχων οὐκ ἄχθομαι.

5) Vgl. die Geschichte, welche Timaeus bei Athen. VI p. 250 D von Demokles,
dem κόλαξ des jüngeren Dionysios, und Hegesandros ebenda p. 248 E von Kleisophos, dem κόλαξ des Makedonischen Philippos, erzählt.

beim Nachhausegehen über die μικρολογία und die ὕβρις des Wirthes:
ihre eigene Kriecherei ist Schuld an dem Hochmuth desselben, sie
sind es, welche den Gelehrtenstand in Verruf bringen[1]).

Trübselig ist der Anblick eines unversorgten Parasiten, der keine
Einladung auf dem Markt erhascht hat und nicht wagen darf, ungeladen zu kommen, was freilich der wahre Meister seines Fachs ohne
Bedenken thut[2]). Vergebens ist er diesem und jenem πλούταξ nach-
gegangen, hat alle seine Künste des Witzes[3]) und der Schmeichelei
versucht[4]): der hartherzige hat ihn mit leeren Ausflüchten, er speise
selbst auswärts[5]), habe keinen Platz mehr am Tisch[6]), wohl gar mit
Hohn[7]) abgefertigt. Nur den Schadenfrohen kann es belustigen zu
sehen, wie der verwöhnte, zwischen den reichen Essvorräthen um-
herirrend, kaum 4 χαλκοῦς in der Tasche, nach dem Preise aller
Delicatessen der vornehmen Fischhändler fragt und endlich, weil alles
zu theuer ist, zu den elenden μεμβράδες seine Zuflucht nimmt[8]).
Mit hungrigem Magen kehrt er heim zu seiner schmalen Kost[9]), oder
geht müssig spazieren, und muss sich den Spitznamen κεστρεύς
gefallen lassen[10]). Es bleibt ihm nichts übrig, als melancholische
Betrachtungen über die schlechten Zeiten, die Entartung der Sitten,
den Verfall der Gastlichkeit[11]), den Egoismus des μονόσιτος, der sich
selbst um die beste Lebensfreude bringt[12]), die Unsterblichkeit des
Hungers[13]) anzustellen. Ist der ständige Pfleger in den Ferien aufs

---

1) Lukian Nigrinos 22, 60, über Miethlinge 40, 701, Ausreisser 19, 375.
Stellen aus Iuvenal und Martial bei Friedländer Sittengesch. I³ S. 338 f.

2) Epicharmos Ἐλπίς: συνδειπνέω τῷ λῶντι, καλέσαι δεῖ μόνον· | καὶ τῷ γα
μηχι̣ λῶντι, κωὐδὲν δεῖ καλεῖν.

3) Plautus Capt. 478 ff.

4) Vgl. Eupolis fr. 159, 6 ff. Petronius c. 3. Gelasimus im Stichus 170 ff.
kommt sogar mit einer Einladung zuvor, um so die Gastfreundschaft seines rex
hervorzulocken.

5) Plautus Stichus 190 ff. 596 ff.

6) Stichus 487. 592.

7) Stichus 617 ff. Eine Mystification bei Alkiphron III 5.

8) Timokles fr. 11.

9) Pomponius V. 80 f.

10) Ameipsias fr. 1. Alexis fr. 251. Anaxandrides fr. 31, 8. Eubulos fr.
68. Diphilos fr. 52. Euphron fr. 2. Zenobius paroem. IV 52. S. unten.

11) Stichus 183 ff. Capt. 469 ff.

12) Alexis fr. 266.

13) Alexis fr. 156. Antiphanes fr. 86.

Land gegangen, verreist oder in Kriegsgefangenschaft, so härmt sich
der verwaiste χόλαξ ab in aufrichtigster Sehnsucht nach dem ab-
wesenden Beschützer[1]. Wenn alle Hülfsquellen versagen oder wenn
der vielgemisshandelte endlich aller Demüthigungen satt ist, so denkt
er als letzten Trost an die Halsschlinge, die allem Kummer ein Ende
machen wird[2].

Aber welcher Jubel, wenn dann der geliebte *rex*, sein Leben,
sein Genius, seine Freude, sein gnädiger Gott (*deus praesens*) wohl-
behalten und wohlhabend wiederkehrt[3], vorausgesetzt dass nicht
etwa ein mitgebrachter Rival oder mehrere ihn aus dem früheren
Besitze zu verdrängen drohen[4]! Er dünkt sich nicht mehr Parasit,
sondern 'regum rex regalior'[5], und gebehrdet sich, wenn er etwa
selbst die frohe Botschaft zu überbringen hat, wie ein servus currens,
der durch die Strassen fegt und Alles, was ihm in den Weg kommt,
umrennen möchte[6].

Ein classisches Exemplar des behäbigen, wohl situirten χόλαξ
ist Gnatho im Eunuchus: 'qui color nitor vestitus, quae habitudo
corporis! omnia habeo, neque quicquam habeo: nil quom est, nil
defit tamen' rühmt er schmunzelnd (242f.). Wohlgenährt, von angenehmer Gesichtsfarbe, weder schwarz wie ein Sclav noch weiss wie

--- --- ---

1) Plautus Capt. 133 ff.
2) Stichus 639: 'potione iuncea onerabo gulam'. Alkiphron III 6. 19. Einer
bei Alkiphron III 7 will in den Peiraieus gehn und sich als Lastträger verdingen,
ein andrer III 34 will Tagelöhner auf dem Lande werden. Ein dritter III 70 hat
es bei einem Bauer versucht, aber die harte Arbeit hat er nicht vertragen. Er
ist in die Stadt zurückgekehrt, aber alle Thüren sind dem Verbauerten verschlossen
geblieben: so hat ihn der Hunger einer Megarischen Räuberbande in die Arme
getrieben. Ein vierter, III 71, geht unter die Schauspieler, aber es wird ihm
schwer sich so spät in die Kunst einzustudieren und sein Erfolg ist sehr zweifelhaft. Bei dem dritten Fall (III 70) erinnert man sich des Verbotes in Cato's Buch
de re rustica 5, 4: (vilicus) 'parasitum nequem habeat'.
3) Stichus 372 ff. 372 ist zu vertheilen: PINACIVM. tuum virum GELASIMVS.
et vitam meam. 459 ff. 582 ff. Capt. 768 ff. Freude über einen freigebigen und
gastfreien Kaufmann, der mit grossen Reichthümern zu Schiff aus Istrien gekommen
ist: Alkiphron III 65.
4) Stichus 388 ff.
5) Capt. 825.
6) Capt. 778 ff. 790 ff. Für solche Fälle passt was in dem commentum de
comoedia p. 11, 23 R. allgemein angegeben wird: 'parasiti cum intortis palliis
veniunt'.

ein Frauenzimmer, lebhaft, mit kühnem, feurigem Blick, das Bild eines frischen Lebemannes[1]). Aber auch Phormio, welcher vom adsentator nichts an sich hat, befindet sich in seiner harmlosen Stellung als ständiger Tischgast des jungen Herrn ganz wohl und erkennt die Güte desselben dankbar an, wie er ja auch durch die That beweist, 338 ff.:

> Immo enim nemo satis pro merito gratiam regi refert.
>
> tén asumbolum veniro unctum atque lautum e balineis,
>
> ótiosum ab animo, quom ille et cura et sumptu absumitur!
>
> dúm tibi fit quod placeat, ille ringitur: tu rideas;
>
> prior bibas, prior decumbas. cena dubia adponitur . . .
>
> GETA quid istuc verbist? PHORMIO ubi tu dubites quid sumas
>
> potissimum.
>
> haéc quom rationem ineas quam sint suavia et quam cara sint,
>
> éa qui praebet, non tu hunc habeas plane praesentem deum?

Nach allgemeiner Regel, wie es scheint, ist der κόλαξ noch ein junger lediger Mann, da Niemand an einem greisen Possenreisser Geschmack findet[2]). Nur ausnahmsweise ist er über 30 Jahre alt[3]) und verheirathet[4]). Ausdrücklich führt Pollux die Maske des κόλαξ und des παράσιτος unter denen der νεανίσκοι auf. Beide sind von dunkler Hautfarbe, wie sie die Palästra mit sich bringt, gebogener Nase, wohlgepflegt und gelenkig. Der Parasit unterscheidet sich durch eingedrückte Ohren (in Folge der vielen Ohrfeigen, wie ein Athlet) und lustigeren Ausdruck, der κόλαξ durch emporgestreckte Augenbrauen, was ihm ein boshafteres Ansehen giebt[5]). Aristoteles erkennt ihn an der glatten Stirn, dem grinsenden oder auch unbeweglichen Gesichtsausdruck, wie ihn schönthuende Hunde haben, den nach oben ge-

---

1) Lukian über den Parasiten 44 p. 864.

2) Alexis fr. 255: κόλακος δὲ βίος μικρὸν χρόνον ἀνθεῖ. | οὐδεὶς γὰρ χαίρει πολιοκροτάφῳ παρασίτῳ. Adulescens heisst der Parasit in der Regel, z. B. in Plautus' Menaechm. 494. 498.

3) Menaechm. 446.

4) Saturio im Persa.

5) Onom. IV 148: κόλαξ δὲ καὶ παράσιτος μέλανες, οὐ μὴν ἔξω παλαίστρας. ἐπίγρυποι, εὐπαθεῖς· τῷ δὲ παρασίτῳ μᾶλλον κατέαγε τὰ ὦτα, καὶ φαιδρότερός ἐστιν, ὥσπερ ὁ κόλαξ ἀνατέταται κακοηθεστέρως τὰς ὀφρῦς. Vgl. die Terracotten der Sammlung Castellani in The illustrated London news Nov. 22, 1873. — 492.

richteten Pupillen[1]). Hündisch sind auch seine Bewegungen: er duckt sich zur Erde, und der ganze Körper erscheint wie zerbrochen[2]). Die Darstellung des Parasiten veranschaulicht eine interessante Anekdote[3]). Ambivius, der die Rolle des Phormio zuerst gespielt habe, sei berauscht aufgetreten, und so habe er gleich die ersten Worte gesprochen, aufstossend vor Sattigkeit, die Lippen leckend wie ein betrunkener[4]), das Ohr mit dem kleinen Finger reibend. Terenz aber, der anfangs unwillig über den Zustand seines Schauspielers gewesen sei, habe ausgerufen, gerade so habe er sich den Parasiten gedacht, als er die Rolle geschrieben habe, und sei ganz mit ihm ausgesöhnt gewesen.

----

1) Aristoteles Physiogn. p. 811 b, 36: οἱ δ' ἀτενὲς ἔχοντες (τὸ μέτωπον), κόλακες· ἀναφέρεται ἐπὶ τὸ γιγνόμενον πάθος. ἴδοι δ' ἄν τις ἐπὶ τῶν κυνῶν, ὅτι οἱ κύνες, ἐπειδὰν θωπεύωσι, γαληνὸν τὸ μέτωπον ἔχουσιν. Apuleius Physiogn. in Val. Rose's anecdota Graeca et Graecolatina I p. 151 f.: 'idem Aristoteles dicit eos qui supercilia obducunt, pupillas autem superius tendunt atque omni vultu summisso sunt, esse quidem inhoneste blandos et referri ad canes. Idem Aristoteles dicit eos, qui vultu omni tranquillo, pari modo blandos esse: et hos ad canes referri'.

2) Apuleius Physiognom. a. O. p. 148, 13: 'qui autem summittunt sese atque omne corpus infringunt, inhoneste blandi sunt, quos Graeci κόλακας vocant: refertur hoc ad canes'.

3) Donat zu Phormio III 1 (II 2), 1: 'adhuc narratur fabula de Terentio et Ambivio ebrio, qui acturus hanc fabulam oscitans temulenter atque aurem minimo scalpens digitulo hos Terentio pronuntiavit versus, quibus auditis exclamaverit poeta se talem, cum scriberet, cogitasse parasitum. et ex indignatione, quod eum saturum potumque deprehenderat, delenitus statim sit'. Jenes 'aurem scalpere' wird schwerlich zu unterscheiden sein von dem gestus der inpudici, welche 'digito scalpunt uno caput' (Iuvenal 9, 133 nach dem berühmten Epigramm des Calvus auf Pompeius: vgl. Seneca epist. 52, 12). Ferner sind zu vergleichen οἱ τὰ ὦτα πτεροῖς κνώμενοι (Lukian über d. Tanz 2 p. 266, über Verleumdung 21 p. 152), welche sich durch diesen Kitzel Wollust erregen.

4) Donat zu V. 315: 'haec et labia lingens, ut ebrius, et ructans, utpote satur, pronuntiavit actor bonus'. Diese Bemerkung erinnert an die bekannte Anekdote des Hermippos bei Athen. I p. 21 B, Theophrast habe einmal, um den ὀψοφάγος darzustellen, die Lippen mit der Zunge beleckt: καί ποτε ὀψοφάγον μιμούμενον ἐξέφερετα τὴν γλῶσσαν περιλείχειν τὰ χείλη. Vielleicht ist bei Donat nach 'lingens' eine Lücke anzunehmen und ein besonderer gestus für den ebrius ausgefallen. Weitere interessante Bemerkungen über Mimik und Vortrag des Parasiten zu III 1 (II 2), 7. 21. III 2 (II 3), 14. 22. V 5, 1. 9. 7. 42. 44. 57. 77. 88. 8, 26; über den eigenthümlichen Parasitenstil zu III 1 (II 2), 13. 16. 22. 24. 25. 28. V 8, 64.

Der vornehmere κόλαξ, zumal der militärische, erfreut sich
einer gesicherteren Stellung: er ist der unzertrennliche Begleiter seines
δεσπότης. So rühmt sich der Parasit des Cleomachus in den Bacchides
V. 601: 'illius sum integumentum corporis'[1]. Die niedrige Rolle
des verlachten und gemisshandelten Spassmachers ist ein überwun-
dener Standpunkt für ihn. Er ist es, der sich innerlich über den
Herrn lustig macht, äusserlich allerdings als unterwürfiger Freund
und Vertrauter durch äusserste Schmiegsamkeit und Fügsamkeit seiner
Eitelkeit fröhnt[2]. Unter allen Bedingungen muss er ihm πρὸς χάριν
sprechen und handeln[3]. Allem, was der Herr sagt, stimmt er zu,
zollt er Beifall und Bewunderung[4]. Dem Geschwätzigen leiht er ein
gefälliges Ohr[5]. Zu den Tischreden des Ungebildeten applaudirt er
mit einem Geschrei wie ein durstiger Frosch[6]. Poetische Vorträge
des Reichen bewundert er in immer neuen Wendungen[7]; singt derselbe, so ruft er bravo, wenn auch alle übrigen schweigen. Macht
der Reiche einen Witz und sei es auch der frostigste oder abge-
droschenste, so weiss sich der κόλαξ vor Lachen nicht zu halten[8].

---

1) Auch die Charakteristik bei Theophrast c. 2 setzt dies voraus.

2) Terenz Eunuchus 246: 'olim isti fuit generi quondam quaestus apud saeclum
prius: Hoc novomst aucupium: ego adeo hanc primus inveni viam. Est genus
hominum, qui esse primos se omnium rerum volunt, Nec sunt: hos consector,
hisce ego non paro me ut rideant, Sed eis ultro adrideo et eorum ingenia admiror
simul'. Zahlreiche Winke über die Charakteristik des Gnatho sind im Commentar
des Donat eingestreut.

3) Vgl. Plutarch Unterschied zw. φίλος und κόλαξ p. 55 A: τοῦ δὲ κόλακος
τοῦτ' ἔργον ἐστὶ καὶ τέλος, ἀεί τινα παιδίαν ἢ πρᾶξιν ἢ λόγον ἐφ' ἡδονῇ καὶ
πρὸς ἡδονὴν ὀφοποιεῖν καὶ καρυκεύειν. Nikolaos (IV 570 M.) V. 36: πρὸς χάριν
ὁμιλεῖ τοῦ τρέφοντος ἐπ' ὀλέθρῳ. Euripides fr. 364, 18 ff. Schon der gewöhn-
liche Parasit muss τὸ ὁμιλητικόν, τὸ στωμύλον, τὸ ἡδὺ haben: Alkiphron III 41. 2.

4) Eunuchus 251: 'quidquid dicunt laudo: id rursum si negant, laudo id
quoque. Negat quis, nego; ait, aio; postremo inporavi egomet mihi Omnia ad
sentari: is quaestus nunc est multo uberrimus'. Vgl. 416 f. Menaechm.
MEN. sed quid ais? PEN. egone? id enim quod tu vis, id aio atque id nego.
mil. gl. 35. Eupolis fr. 159, 9: κἂν τι τύχῃ λέγων ὁ πλούταξ, πάνυ τὰ
ἐπαινῶ, Καὶ καταπλήττομαι δοκῶν τοῖσι λόγοισι χαίρειν. Horaz serm. II
96—98. Vgl. die unmuthige Aeusserung des Caelius: 'die aliquid contra, ut duo
simus' (Seneca de ira III 8, 6).

5) Horaz serm. II 5, 95: 'aurem substringe loquaci'.

6) Lukian An den Ungebildeten 20, 115. Petronius c. 40. 48.

7) Lukian Miethlinge 35 p. 694. Vgl. An den Ungebildeten 7, 107.

8) Menandros fr. 286: γέλωτι πρὸς τὸν Κύπριον ἐκθανούμενος. Terenz Eun.

Cheirisophos, der κόλαξ des Dionysios, sieht den Tyrannen mit einigen Bekannten lachen, steht zwar zu weit ab, um ihr Gespräch hören zu können, lacht aber doch mit, und wie ihn Dionysios fragt, warum er lache, ohne doch zu wissen um was es sich handle, erwidert er: ich bin überzeugt, dass was ihr geredet habt spasshaft war[1]. Oeffentliche Vorlesungen des Gönners unterbricht der Verehrer fortwährend durch ungestümes Beifallsrufen, wobei er aufsteht[2], wenn auch alle übrigen Zuhörer lachen über den elenden Inhalt und den schlechten Vortrag[3]. Er bittet sich das Manuscript aus zu häuslichem Studium[4]. Dieselbe Geschichte hört er unverdrossen zum tausendsten Mal wieder und versichert, er kenne sie noch nicht[5]. Grossthaten, deren sich der ἀλαζών rühmt, erregen immer von Neuem sein Staunen, und mit kecker Erfindung überbietet er jene Rodomontaden durch neue Wunder, die er ihm ironisch unterschiebt[6].

Als Geschichtschreiber[7] füllen solche Leute ihre Werke mit abgeschmackten Lügen zur Verherrlichung ihres Helden. So beschrieb Aristobulos einen Zweikampf des Alexandros und des Poros im Stil einer homerischen ἀριστεία, und las jenem die Stelle vor. Alexandros nahm ihm das Buch fort, warf es ins Wasser und sagte: so sollte man es auch mit dir machen, der du solche Zweikämpfe für mich bestehst und Elephanten mit einem Spiess tödtest[*]. Ein anderer verglich den griechischen Befehlshaber mit Achill, den König der

---

426 ff. 497. Theophr. 2 p. 123, 21 P.: καὶ ἐπαινέσαι δὲ ᾄδοντος καὶ ἐπισημήνασθαι δέ, εἰ παύσεται, Ὀρθῶς (vgl. Lukian Timon 47, 160)· σκώψαντι ψυχρῶς ἐπιγελάσαι, τό τε ἱμάτιον ὦσαι εἰς τὸ στόμα ὡς δὴ οὐ δυνάμενος κατασχεῖν τὸν γέλωτα.

1) Hegesandros bei Athenaeus VI p. 249 E.

2) Plutarch über die rechte Art zu hören p. 44 D: vgl. Quintilian II 2, 9 ff. a. Horaz a. p. 420 ff. Petronius 40 p. 41, 3 B.

3) Lukian An den Ungebildeten 7, 407.

4) Iuvenal III 41: 'librum, Si malus est, nequeo laudare et poscere'.

5) Terenz Eunuchus 421 f.

6) Plautus Miles gl. 1 4. Vgl. Nikolaos (IV 579 M.) in den Anweisungen für den κόλαξ V. 36: παρατάττεταί τις καὶ ποιεῖ πάντας νεκροὺς Δείπνῳ· σιωπῇ τοῦτον ὑπομνηστήρίσας Εἰς τὴν τράπεζαν καὶ σὺ τὴν χολὴν ἄρσς.

7) Lukian über Geschichtschreibung 42, 47.

8) Vgl. Artotrogus im miles glor. 25: 'vel elephanto In India Quo pacto pugno praefregisti bracchium'.

Perser mit Thersites[1]). Ein Architekt erbot sich den Athos zu einem Bild von Alexandros zu machen und zwar zu einem ähnlichen: dieser erkannte ihn als κόλαξ und liess ihn fallen[2]).

Unerschöpflich ist das Füllhorn der Schmeicheleien, von den directen faustdicken an, wie sie für den dickhäutigen ἀλαζών passen, bis zu den raffinirtesten und verstecktesten für feinere Naturen[3]). Eine gewisse naive Derbheit, die thut als könne sie ihrer Bewunderung nun einmal keine Zügel anlegen, wirkt oft am meisten[4]). Die drastischen Hyperbeln der κόλαξες des Eupolis fr. 163, die wir in den Πέρσαι des vermeintlichen Pherekrates fr. 131 wieder aufgenommen und verarbeitet fanden, sind noch weiter variirt in der Ἐπίκληρος des Diodoros fr. 2, 34 ff.:

> τοὺς δὲ κολακεύειν δυναμένους
> καὶ πάντ᾽ ἐπαινεῖν, οἷς ἐπειδὴ προσερύγοι
> ῥαφανῖδας ἢ σαπρὸν σίλουρον καταφαγών,
> ἵα καὶ ῥόδ᾽ ἔφασαν αὐτὸν ἠριστηκέναι.
> ἐπεὶ δ᾽ ἀποπάρδοι μετά τινος κατακείμενος
> τούτων, προσάγων τὴν ῥῖν᾽ ἐλεῖτ᾽ αὐτοῦ φράσαι,
> πόθεν τὸ θυμίαμα τοῦτο λαμβάνει[5]).

---

1) Lukian a. O. 14, 20. Vgl. mil. glor. 61. Alazon S. 31 ff. Man sieht, die Schmeicheleien der κόλαξες und die Prahlereien der ἀλαζόνες in der attisch-römischen Komödie sind zum guten Theil unmittelbar aus dem Leben gegriffen und erinnerten die Zeitgenossen Menanders an handgreifliche Beispiele der Gegenwart.

2) Lukian a. O. 12, 17, für die Bilder 9, 189.

3) Plutarch über den Unterschied zw. φίλος und κόλαξ p. 57A: δεινὸς ὢν φυλάττεσθαι τὸ ὕποπτον, ἂν μὲν εὐπαρύφου τινὸς ἀγροίκου λάβηται φορίνην παχεῖαν φέροντος, ὅλῳ τῷ μυκτῆρι χρῆται, καθάπερ ὁ Στρουθίας ἐμπεριπατῶν τῷ Βίαντι καὶ κατορχούμενος τῆς ἀναισθησίας αὐτοῦ τοῖς ἐπαίνοις· Ἀλεξάνδρου πλέον τοῦ βασιλέως πέπωκας (Menand. fr. 285) καὶ (Men. fr. 286). τοὺς δὲ κομψοτέρους ὁρῶν ἐνταῦθα μάλιστα προσέχοντας αὐτοῖς καὶ φυλαττομένους τὸ χωρίον τοῦτο καὶ τὸν τόπον οὐκ ἀπ᾽ εὐθείας· ἐπάγει τὸν ἔπαινον, ἀλλ᾽ ἀπαγαγών πόρρω κυκλοῦται κτλ.

4) Seneca nat. qu. IV praef. 5: 'alius adulatione clam utetur, parce, alius ex aperto, palam, rusticitate simulata, quasi simplicitas illa ars non sit. Plancus, artifex ante Villeium maximus, aiebat non esse occulte nec ex dissimulato blandiendum. Perit, inquit, procari, si latet'.

5) Vgl. Lukian für die Bilder 20 p. 501: Κύναιθος ὁ Δημητρίου τοῦ Πολιορκητοῦ κόλαξ ἁπάντων αὐτῷ τῶν πρὸς τὴν κολακείαν καταναλωμένων ἐπῄνει ὑπὸ βηχὸς ἐνοχλούμενον τὸν Δημήτριον ὅτι ἐμμελῶς ἐχρέμπτετο. Iuvenal III 106: 'laudare paratus, Si bene ructavit, si rectum minxit amicus, Si trulla inverso crepitum dedit aurea fundo'. Athenaeus VI p. 249F.

Der κόλαξ ist bereit, Thersites für den schönsten, Nestor für den jüngsten aller Griechen vor Troja zu erklären, den taubstummen Sohn des Krösus für feinhöriger als Melampus, den Phineus für scharfsichtiger als Lynkeus[1].

Die meisten Könige, sagt Plutarch[2], heissen Apollon, wenn sie nur durch die Nase singen, Dionysos, wenn sie betrunken sind, Herakles, wenn sie ringen. Die κόλακες sind durch ihre Lobreden Schuld, dass Ptolemaios öffentlich als Flötenbläser und Nero als tragischer Schauspieler aufgetreten ist: 'nihil est quod credere de se Non possit, cum laudatur dis aequa potestas'[3]). Den Zorn des jüngeren Dionysios beschwichtigte sein κόλαξ Demokles, den seine Mitgesandten des Verrathes bei dem Tyrannen angeschuldigt hatten, durch das Vorgeben, er habe sich nur mit seinen Genossen entzweit, weil jene nach Tische immer Lieder des Phrynichos, Stesichoros, Pindar hätten singen wollen, er hingegen die des Dionysios; und dessen zum Beweise erklärte er sich bereit, sie alle der Reihe nach vorzusingen, während jene nicht einmal die Zahl wussten. Dann bat er um die Gnade, der Herrscher möge ihn doch seinen neuesten Paan auf den Asklepios, von dem er gehört habe, durch einen Kundigen lehren lassen[4].

Jeden physischen oder moralischen Fehler des Gönners beschönigt der κόλαξ mit dem Namen des begriffsverwandten Vorzuges, wie der verblendete oder gleichfalls schmeichlerische Liebhaber alle Mängel im Bilde seiner oder seines Geliebten euphemistisch in Reize umwandelt[5]. So nennt jener Lüderlichkeit (ἀσωτία) seines Herrn

---

von den Διονυσοκόλακες: ἀποπτύοντος δὲ τοῦ Διονυσίου πολλάκις παρεῖχον τὰ πρόσωπα καταπτύεσθαι· καὶ ἀπολείχοντες τὸν σίαλον ἔτι δὲ τὸν ἔμετον αὐτοῦ μέλιτος ἔλεγον εἶναι γλυκύτερον.

1) Lukian für die Bilder 29 p. 499.
2) Plutarch a. O. p. 56 f.
3) Iuvenal IV 70f. Die Vergötterung der Fürsten.
4) Timaeus bei Athenaeus VI p. 250.
5) Platon Staat V 49 p. 474c (ausgeschrieben von Aristainetos epist. I 18, citirt von Plutarch a. O. p. 56 D): ὃ μὲν, ὅτι σιμός, ἐπίχαρις κληθεὶς ἐπαινεθήσεται ὑφ' ὑμῶν, τοῦ δὲ τὸ γρυπὸν βασιλικόν φατε εἶναι. τὸν δὲ δὴ διὰ μέσου τούτων ἐμμετρότατα ἔχειν, μέλανας δὲ ἀνδρικοὺς ἰδεῖν, λευκοὺς δὲ θεῶν παῖδας εἶναι· μελιχλώρους δὲ καὶ τοὔνομα οἴει τινὸς ἄλλου εἶναι ποίημα εἶναι ἢ ἐραστοῦ ὑποκοριζομένου τε καὶ εὐχερῶς φέροντος τὴν ὠχρότητα,

Genialität (ἐλευθεριότης), Feigheit Vorsicht (ἀσφάλεια). unbesonnenes Dreinfahren (ἐμπληξία) Raschheit (ὀξύτης), Knauserei (μικρολογία) Maasshaltung (σωφροσύνη); wenn Einer verbuhlt ist (ἐρωτικός), hat er

ἐὰν ἐπὶ ὥρᾳ ᾖ: Bei Theokrit X 27 singt der Schnitter: Βομβύκα χαρίεσσα, Σύραν καλέοντί τυ πάντες, ἰσχνὰν ἁλιόκαυστον, ἐγὼ δὲ μόνος:μελίχλωρον. VI 18: ἦ γὰρ ἔρωτι Πολλάκις, ὦ Πολύφαμε, τὰ μὴ καλὰ καλὰ πέφανται. Lucretius IV 1160 ff. :

> nigra melichrus est, inmunda et fetida acosmos,
> caesia Palladium, nervosa et lignea dorcas,
> parvula, pumilio chariton mia, tota merum sal,
> magna atquo immanis cataplexis plenaquo honoris.
> balba loqui non quit, traulizi; muta pudens est;
> at flagrans odiosa loquacula Lampadium fit;
> ischnon cromenion tum fit, cum vivere non quit
> prae macie; rhadine verost iam mortua tussi.
> at tumida et mammosa Ceres est ipsa ab Iaccho,
> simula Silena ac saturast, labeosa philema.

Ovid a. a. II 657 ff. : 'nominibus mollire licet mala. fusca vocetur, Nigrior Illyrica cui pice sanguis erit; Si straba, sit Veneris similis; si rava, Minervae; Sit gracilis, macie quae male viva sua est. Die habilem quaecumque brevis, quae turgida, plenam, Et lateat vitium proximitate boni'. Anders ist das Thema bei Horaz sat. I 3, 43 gewendet (vermuthlich nach einer griechischen Quelle περὶ φιλίας):

> at pater ut gnati, sic nos debemus, amici
> si quod sit vitium, non fastidire: straboncm
> adpellat paetum pater, et pullum, male parvus
> sicui filius est, ut abortivus fuit olim
> Sisyphus; hunc varum distortis crinibus, illum
> balbutit Scaurum pravis fultum male talis.
> parcius hic vivit, frugi dicatur. ineptus
> et iactantior hic paullost, concinnus amicis
> postulet ut videatur. at est truculentior atque
> plus aequo liber, simplex fortisque habentur.
> caldior est, acres inter numeretur. opinor,
> haec res et iungit iunctos et servat amicos.

Iuvenal III 86: 'quid quod adulandi gens prudentissima laudat Sermonem indocti, faciem deformis amici, Et longum invalidi collum cervicibus aequat Herculis Antaeum procul a tellure tenentis, Miratur vocem angustam' u. s. w. Plumper ist die Umwandlung eines Gebrechens in das grade Gegentheil, wovon Iuvenal VIII 32: 'nanum cuiusdam Atlanta vocamus, Aethiopem Cycnum, pravam extortamque puellam Europen, canibus pigris scabieque vetusta Levibus et siccae lambentibus ora lucernae Nomen erit tigris pardus leo, si quid adhuc est Quod fremat in terris violentius' u. s. w.

ein warmes Herz und liebt Geselligkeit (φιλόστοργος und φιλοσυνήθης), der Zornige und Hochmüthige heisst männlich (ἀνδρεῖος), der Würdelose (εὐτελής καί ταπεινός) menschenfreundlich (φιλάνθρωπος). So nannten die κόλακες die Grausamkeit eines Dionysios von Sicilien und eines Phalaris Strenge (μισοπονηρία), die Orgien des Ptolemaios Frömmigkeit, die zügellosen Ausschweifungen des Antonius heitere Feste[1]). Vorzüge oder Interessen, welche dem τρέφων fehlen, werden herabgesetzt, verspottet, in Fehler oder Thorheiten umgewandelt, so dass gerade das Gegentheil davon lobenswürdig erscheint. Sittenlosen Menschen gegenüber wird σωφροσύνη als Philisterei (ἀγροικία) verhöhnt, vor Gewaltthätigen gilt Gerechtigkeit und Bescheidenheit für Verzagtheit und Mangel an Energie (ἀτολμία und ἀρρωσία πρὸς τὸ πράττειν). Verkehrt der κόλαξ mit Leuten, die kein Interesse am öffentlichen Leben haben, denen es an Gemeinsinn fehlt, so nennen sie Betheiligung an Staatsgeschäften (πολιτεία) Sichbefassen mit fremden Angelegenheiten (ἀλλοτριοπραγία ἐπίπονος), erklären berechtigtes Streben sich hervorzuthun (φιλοτιμία) für hohles Streberthum (κενοδοξία ἄκαρπος). Bei unzüchtigen Weibern macht man sich beliebt, wenn man die ehrbaren Ehefrauen unliebenswürdig (ἀναφροδίτους) und unmanierlich (ἀγροίκους) schilt[2]).

Ist der κόλαξ ein Maler und hat ein Porträt anzufertigen, so macht er es ganz wie der Besteller es haben will: er verkleinert die Nase, macht die Augen schwärzer und was sonst beliebt wird[3]). Als Beschauer findet er ein so verschönertes Bild natürlich ähnlich[4]). Als Dichter steht er nicht an, eine Frau von kleiner Figur mit einer

---

1) Plutarch über d. Unterschied zw. φίλος und κόλαξ p. 56 B ff. Vgl. Mor. p. 483. 504. ἐκ τῆς ἐπιστολῆς περί φιλίας bei Stobaeus floril. II 35: κακίας αὐτὰν πλάσσονται τινες ῥημάτων εὐπρεπείᾳ, τὸ μὲν φιλοσκώμματον ἀπλοῦν, τὸ δὲ φιλάργυρον προμηθὲς ἀποκαλούμενοι. Seneca epist. 45, 7: 'venit ad me pro inimico blandus inimicus. vitia nobis sub virtutum nomine obrepunt. temeritas sub titulo fortitudinis latet; moderatio vocatur ignavia; pro cauto timidus accipitur'. Aristoteles rhet. I 9 p. 31, 34 — 32, 11 Bk. Vgl. Thucyd. III 82. Sallust Catil. 52, 11. Tacitus Agr. 30 extr. Hierher gehört auch von den Anweisungen des Komikers Nikolaos (IV 579 M.) V. 33: ἀπὸ τῶν ἐτῶν κλέπτει τις ἤ καί βάπτεται, θέλων καλὸς εἶναι, καί παρ' ἡλικίαν νοεῖ· ἔστω Γανυμήδης οὗτος ἀποθεούμενος.

2) Plutarch a. O. p. 57C. Vgl. Horaz sat. I 3, 56 ff.

3) Lukian für die Bilder 6, 487.

4) Theophrast 2 p. 124. 18 P.

Pappel zu vergleichen, ein Lobgedicht auf das Haar der Stratonike, der Gemahlin des Seleukos, zu machen, welche dasselbe durch Krankheit verloren hat, die Hyakinthosfarbe ihrer krausen Locken zu besingen und so fort[1]).

. Weiter ist ein Hauptgesetz für den κόλαξ, durchweg so zu sagen die zweite Stimme zu spielen: τὰ δεύτερα λέγειν καὶ πράττειν, wie jener scurra bei Horaz (epist. I 18, 12 ff.): 'sic nutum divitis horret, Sic iterat voces et verba cadentia tollit, Vt puerum saevo credas dictata magistro Reddere vel partes minum tractare secundas'[2]); und diese zweite Rolle ist eben, wie oben angegeben, im Mimus regelmässig die des Parasiten gewesen. Als echter εἴρων macht er sich selbst schlecht, um den Anderen desto lauter zu preisen: wie die Ringer sich bücken, um den Gegner niederzuwerfen, sagt Plutarch[3]. »Ich bin nur ein feiger Kerl auf dem Meer«, wirft er hin, »kann keine Strapazen ertragen; spricht man schlecht von mir, so gerathe ich ausser mir vor Zorn: aber für den da giebts keine Gefahr, keine Anstrengung; Alles trägt er sanftmüthig, Alles mit Heiterkeit, — ein seltner Mensch!« Oder wenn er eigene Gaben nicht ganz verleugnen kann, heisst es: »ich laufe schnell, aber der da fliegt; ich reite passabel, aber was will das sagen gegen diesen Hippokentauren? ich mache einen leidlichen Vers, donnern aber ist nicht meine Sache, sondern des Zeus«[4]). Beim Ringen lässt sich der κόλαξ von seinem Herrn zu Boden werfen, beim Wettlauf überholen, wie Krison der Himeräer von Alexandros, der es aber merkte und darüber böse wurde. Wie die Stoiker den Weisen, so erklärt der κόλαξ seinen Herrn für Alles was er will, für einen Redner und Dichter, einen Maler, Flötenspieler, Schnellläufer, Athleten[5]). Wie der κόλαξ auf Kypros, so ahmen alle höfischen κόλακες den Herrscher nach in

---

1) Lukian a. O. 4. 486 ff. (nach dem Vorbild der κόμη Βερενίκης des Kallimachos).

2) Vgl. Bentley's Anm. zu V. 11.

3) Plutarch a. O. p. 57 E. Ein arabischer κόλαξ geht mit einem hohen Herrn spazieren. Dieser fragt: bist du nicht grösser als ich? Jener erwidert: euer Gnaden sind grösser als ich, nur bin ich der Natur nach etwas entwickelter. (A. v. Kramer Culturgesch. d. Orients II 216).

4 Plutarch a. O. p. 54 D; vgl. Kallimachos fr. 490.

5) Plutarch a. O. 16 p. 58 E.

Stimme, Geberde u. s. w[1]. Auf alle Stimmungen und Neigungen des Herrn geht er ein, aber mit Ostentation und Uebertreibung. Ist derselbe verdriesslich, so stellt er sich schwermüthig; ist jener abergläubisch, so spielt er den Schwärmer (θεοφόρητος); ist jener verliebt, so macht er den Vernarrten; lacht der Andere, so will er vor Lachen bersten; friert jener, so zieht er einen Wintermantel an; findet jener es schwül, so schwitzt er[2]. Mit dem Einen singt und tanzt er, mit dem Anderen treibt er Gymnastik, mit einem Dritten theilt er die Passion für die Jagd. Kommt ihm ein Gelehrter in den Wurf, so wird er ein Bücherwurm, lässt den Vollbart lang hängen, trägt den Philosophenrock, führt die Zahlen und Dreiecke Platons im Munde. Stösst er dann wieder auf einen reichen Lebemann, der gern zecht, so wirft er den τρίβων weg, lässt sich rasiren, und weiss nur von Trinkschalen und Weinkühlern. Gelächter auf Spazierwegen, Spöttereien über die Philosophen. So die Dionysokolakes in Syrakus. Während der Anwesenheit Platons, so lange Dionysios für Philosophie schwärmte, war der Königspallast mit Staub angefüllt, weil so viele Geometrie trieben und Figuren in den Sand zeichneten: sobald aber Platon in Ungnade gefallen war und der Tyrann die Philosophie aufgegeben hatte, gab man sich wieder den Trinkgelagen und Dirnen, den Possen und der Lüderlichkeit hin[3].

Selbst Krankheiten, Gebrechen und zufällige Eigenheiten des Gönners und Meisters ahmen sie nach: hielten sie sich frei davon, so könnte dieser ja einen versteckten Tadel darin finden. Die Anhänger Platons gingen wie dieser in gekrümmter Haltung, die des Aristoteles lispelten, die des makedonischen Alexandros neigten den Hals zur Seite und nahmen den rauhen Ton seiner Stimme im Gespräch an[4]. Die κόλακες des Dionysios, der vom vielen Trinken

1) Plutarch a. O. 10 p. 51 C.

2) Iuvenal III 100: 'rides, maiore cachinno Concutitur; flet, si lacrimas conspexit amici, Nec dolet; igniculum brumae si tempore poscas, Accipit endromidem; si dixeris aestuo, sudat'. Vgl. die κολακεύματα des Liebhabers bei Ovid a. a. II 196—208.

3) Plutarch a. O. 7 p. 52 B (Dion 13, der p. 52 E als Virtuosen in dieser Art von κολακεία den Alkibiades nennt; vgl. Satyros bei Athen. XII p. 535. Plutarch Alcib. 23.

4) Plutarch a. O. 9 p. 53 C. Lehren f. d. Staatsmann 3, 13 p. 800 A: οἱ μὲν οὖν πόλιτοι κόλακες ὥσπερ ὀρνιθοθήραι μιμούμενοι τῇ φωνῇ κτλ.

augenkrank geworden war, stellten sich blind, liessen sich vom Tyrannen an der Hand führen, stiessen aufeinander, thaten bei Tisch als könnten sie die Speisen und Becher nicht sehen, griffen daneben, bis ihnen jener die Hände führte, warfen die Schüsseln herunter[1]). Als dem makedonischen Philippos bei der Belagerung von Methone ein Auge ausgeschlagen war, erschien Kleisophos in seiner Gesellschaft gleichfalls mit einem Verband am rechten Auge; als jener am Bein verwundet war, hinkte er, wenn er mit dem Herrscher ausging; nahm derselbe eine bittere Speise zu sich, so schnitt der χόλαξ eine Grimasse, als ob er mit davon ässe[2]). Dass dergleichen orientalische Hofsitte war, wird durch die arabische Sitte bestätigt, dass, wenn der König ein Leiden hatte, die Unterthanen sich stellen mussten, als hätten sie das gleiche[3]). Bei Worten liess es Nikesias, der χόλαξ Alexanders, bewenden, der, als der König in Krämpfen lag, bemerkte: »was sollen wir anderen anfangen, wenn ihr Götter so leiden müsst!«[4])

Auch innere Seelenleiden machen Manche mit. Merken sie, dass der Herr in der Ehe unglücklich ist oder gegen seine Söhne oder Freunde Misstrauen hegt, so klagen sie über ihre eigene Frau, ihre Kinder, Verwandte, Freunde, und bringen abscheuliche Beschuldigungen gegen sie vor. Einer soll sogar seine Gattin verstossen haben, nachdem der Gönner sich von der seinigen getrennt hatte, wurde aber ertappt, als er heimlich zu ihr ging: die Frau des letzteren hatte es gemerkt[5]).

Bei Berathungen hält sich der χόλαξ so lange zurück, wie der Herr die Augenbrauen zusammenziehend und den Kopf wiegend, bis dieser seine Meinung gesagt hat; dann bricht er los: »beim Herakles, du nimmst mir das Wort aus dem Munde, das wollt' ich eben sagen[6])«; und um ja nicht lau zu erscheinen, feuert er ihn dringend zur Aus-

---

1) Theophrast (π. χολαχείας?) bei Athenaeus X 47 p. 435 e, den Plutarch a. O. p. 53 F benutzt hat; ferner Athen. VI p. 249 f. Dasselbe Hegesandros bei Athen. VI 57 p. 250e über die χόλαχες des Hieron.

2) Satyros im Leben des Philippos bei Athenaeus VI 51 und Aelian de nat. anim. 9, 7.

3) Athenaeus VI p. 249 a.

4) Athenaeus VI p. 251 c.

5) Plutarch a. O. p. 51 A.

6) Plutarch a. O. p. 63 B.

führung an[1]). Aber ohne Zaudern macht er jede Sinnesänderung, jede Wandlung in deinen Sympathieen und Antipathieen mit und bestärkt dich in jeder Laune. Sprichst du den Vorsatz aus, deine Lebensweise zu ändern, z. B. dich aus der Politik in das Privatleben zurückzuziehen, so sagt er: »wir hätten uns längst von allen den Unruhen und Anfeindungen losmachen sollen«. Fällt es dir dann wieder ein, zu den öffentlichen Geschäften zurückzukehren, so stimmt er zu: »das ist eine Denkungsart, deiner würdig; die Unthätigkeit ist zwar angenehm, aber ruhmlos und niedrig«[2]. Wenn du einen deiner bisherigen Freunde ihm gegenüber tadelst, so spricht er: »es hat lange gedauert, ehe du dem Menschen auf die Sprünge gekommen bist; mir hat er schon früher nicht gefallen«. Aenderst du wieder deine Meinung und lobst ihn, so wird er versichern, dass er sich mit dir freue, dir in seinem Namen danke und ihm Vertrauen schenke[3].

Die feineren Formen der κολακεία. Statt eigener Loberhebungen macht der κόλαξ den Berichterstatter über das, was andere Leute Rühmliches über dich gesprochen haben: er habe sich gefreut, Fremde oder ältere Personen auf dem Markt zu treffen, die viel Gutes von dir gesagt haben und dich sehr bewunderten[4]. »Gestern erklang dein Ruhm in der Stoa: mehr als 30 Menschen sassen da beisammen, und wie die Rede darauf kam, wer der beste sei, da fingen sie alle von dir an und kamen auf deinen Namen zurück«[5]. Als Begleiter auf der Strasse, natürlich *comes exterior*[6], macht er dich aufmerksam, wie die Menschen dich ansehen: das

---

1) Plutarch φίλος und κόλαξ p. 61 F.

2) Plutarch a. O. p. 53 B.

3) Plutarch a. O. p. 53 A: τοιοῦτος γὰρ οἷος εἰ ψέγοις τινὰ τῶν φίλων πρὸς αὐτὸν εἰπεῖν ‘βραδέως πεπώρακας τὸν ἄνθρωπον· ἐμοὶ μὲν γὰρ οὐδὲ πρότερον ἤρεσκεν’. ἂν δ’ αὖ πάλιν ἐπαινῇς μεταβαλλόμενος, νὴ Δία φήσει συνήδεσθαι καὶ χάριν ἔχειν αὐτὸς ὑπὲρ τοῦ ἀνθρώπου καὶ πιστεύειν. Dies und p. 63 B vielleicht nach Theophrast.

4) Plutarch a. O. 13 p. 57 B.

5) Theophrast 2 p. 123, 10 P: ψιλοκίμει χθὲς ἐν τῇ στοᾷ· πλειόνων γὰρ ἢ τριάκοντα ἀνθρώπων καθημένων καὶ ἐμπεσόντος λόγου, τίς εἴη βέλτιστος, ἀπ’ αὐτοῦ ἀρξαμένους πάντας ἐπὶ τὸ ὄνομα αὐτοῦ κατενεχθῆναι. Vgl. mil. gl. 58—71.

6) Horaz sat. II 5, 17 f. Iuvenal III 131: ‘divitis hic servi claudit latus ingenuorum filius’.

geschehe in der ganzen Stadt keinem ausser dir[1]. Oder er denkt sich falsche Beschuldigungen gegen dich aus, thut als habe er sie von anderen gehört und kommt voll Eifer mit der Frage, wo du dies und jenes gesagt oder gethan habest. Wenn du, wie selbstverständlich, es in Abrede stellst, so ergreift er den Anlass in Lobreden überzugehn: »ich wunderte mich auch, dass du von einem deiner Freunde schlecht gesprochen hättest, der du es nicht einmal von deinen Feinden vermagst; oder dass du fremdes Gut angriffst, der du so freigebig mit deinem eignen bist«[2].

Auch in die Form ironischer Neckereien, von denen das Gegentheil zu verstehen, kleidet sich die κολακεία: wenn einer den Steinreichen mit Gläubigern, den grossen Redner und Staatsmann mit einer Anklage bedroht, den Freigebigen einen Knicker nennt, wenn ein Parasit zu Philippos sagt: »bin ich nicht dein Brodherr?«[3]. Erheuchelte Freimüthigkeit in der Form leichten Tadels ist eine Würze der κολακεία[4]. Um sich gleichsam den Boden zu bereiten, affectiren sie gegen Sclaven und Angehörige unerbittliche Strenge und rauhe Biederkeit, damit man glauben soll, sie können nicht anders als ihre Meinung frei heraussagen[5]. Auch dem Gönner widerspricht der κόλαξ wohl einmal zum Schein, um sich von jenem widerlegen zu lassen und ihm die Befriedigung der Ueberlegenheit zu gewähren[6]. Während er über wirkliche Fehler und Vergehen hinwegsieht, rügt er desto aufmerksamer etwa die Vernachlässigung eines Hausgeräthes, eines Hundes oder Pferdes, wenn der Freund schlecht wohnt, wenn er sich im Aeusseren, in Kleidung, Haar, Bart

---

1) Theophrast char. 2 p. 123, 8—10.

2) Plutarch a. O. 13 p. 57C.

3) Plutarch Symposiaca II 1, 5: οὐκ ἐγώ σε τρέφω; Nach Lynkeus von Samos in seinen ἀπομνημονεύματα (bei Athen. VI p. 218 d) war es Kleisophos: σκώπτοντος δ' αὐτὸν τοῦ Φιλίππου καὶ εὐημεροῦντος, εἶτ' οὐκ ἐγώ σε, ἔφη, θρέψω;

4) Plutarch über die Bosheit des Herodot 9.

5) Plutarch über d. Unterschied zwischen φίλος u. κόλαξ 17 p. 59 D; vgl. 5 p. 51 C.

6) Cicero de amic. 26, 99: 'etiam graviores constantioresque admonendi sunt, ut animadvertant ne callida adsentatione capiantur. aperte enim adulantem nemo non videt, nisi qui admodum est excors: callidus ille et occultus ne se insinuet studiose cavendum est. nec enim facillime agnoscitur, quippe qui etiam adversando

vernachlässigt [1]). Er zupft ein Fäserchen von deinem Rock, und wenn der Wind dir ein Körnchen in das Haupthaar geweht hat, liest er es ab und sagt dabei mit Lächeln: »siehst du? zwei Tage bin ich dir nicht begegnet, da hast du den Bart voll grauer Haare, obwohl du in Ansehung deiner Jahre es noch mit Jedem in der Schwärze des Haars aufnehmen kannst«[2]). Das ist der sprüchwörtliche κροκυλεγμός[3]. Unleugbare Schwächen des Gönners werden verwischt durch Hervorhebung unwesentlicher Mängel, als ob diese an dem Missfallen, welches jene hervorrufen, Schuld seien. An einem schlechten Redner z. B. tadelt der κόλαξ nicht die Rede, sondern er beschuldigt das Organ und wirft ihm vor, dass er es durch Kaltwassertrinken verderbe. Soll er eine schlechte Abhandlung beurtheilen, so tadelt er nur den groben Papyrus und die Nachlässigkeit des Abschreibers. So stritten sich die κόλακες mit Ptolemaios, der mit

---

saepe adsentetur et litigare se simulans blandiatur atque ad extremum det manus vincique se patiatur, ut is, qui illusus sit, plus vidisse videatur'.

1) Plutarch über den Unterschied zwischen φίλος und κόλαξ 17 p. 59 E.

2) Theophrast char. 2 p. 123, 14: καὶ ἄλλα τοιαῦτα λέγων ἀπὸ τοῦ ἱματίου ἀφελεῖν κροκύδα· καὶ ἐάν τι πρὸς τὸ τρίχωμα τῆς κεφαλῆς ὑπὸ πνεύματος προσενεχθῇ ἄχυρον, καρφολογῆσαι, καὶ ἐπιγελάσας δὲ εἰπεῖν 'ὁρᾷς; ὅτι δυοῖν σοι ἡμερῶν οὐκ ἐντετύχηκα, πολιῶν ἔσχηκας τὸν πώγωνα μεστόν, καίπερ, εἴτις καὶ ἄλλος, ἔχεις πρὸς τὰ ἔτη μέλαιναν τὴν τρίχα. Schon Aristophanes hat diesen Zug. In den Holkades wurde von Kleon oder einem andern κόλαξ des Demos gesagt, fr. 410 K: ἀδαχεῖ γάρ αὐτοῦ τὸν ἄγρ' ἐκλέγει τ' ἀεὶ 'Εκ τοῦ γενείου τὰς πολιάς. In den Rittern 908 verspricht Kleon dem Demos: ἐγὼ δὲ τὰς πολιὰς γέ σοὐκλέγων νέον ποιήσω. Ein andrer Vers aus unbekanntem Stück (fr. 657) lautet: εἴ τις κολακεύει †παρὼν (παραχορῶν Kock καὶ τὰς κροκύδας ἀφαιρῶν, an einer anderen Stelle (fr. 714 kam ἀφαιρεῖ τρίχας in demselben Sinne vor: ἐπί τινος κολακεύειν ἐπιχειροῦντος. Valeria erregte so zuerst die Aufmerksamkeit Sulla's im Theater: παρὰ τὸν Σύλλαν ἐξόπισθεν παραπορευομένη, τήν τε χεῖρα πρὸς αὐτὸν ἀπηρείσατο καὶ κροκύδα τοῦ ἱματίου σπάσασα παρῆλθεν ἐπὶ τὴν ἑαυτῆς χώραν (Plutarch Sulla 35).

3) Hesychius: κροκυλεγμός· τὸ κολακευτικῶς τὰς κροκύδας ἀπολέγειν τῶν ἱματίων. Bekker anecd. 1. 27: ἀφαιρεῖν κροκύδας· λίαν ἡττίκισται... ἐπὶ τῶν πάντα ποιούντων διὰ κολακείαν, ὥστε καὶ παρεπομένους ἀφαιρεῖν κροκύδας τῆς ἐσθῆτος ἢ κάρφος τι τῆς κεφαλῆς ἢ τοῦ γενείου. Suidas: ἀφαιρεῖν κροκύδας· ἐπὶ τῶν πάντα ποιούντων διὰ κολακείας. ἄλλοι τε χρῶνται καὶ Ἀριστοφάνης· (inc. fab. 657) καὶ ἀφαιρεῖ ὠτός ἢ ῥινός· ἀττικῶς ἡ σύνταξις. Appendix proverb. cent. 1 42: ἀφαιρεῖν κροκύδας· ἐπὶ τῶν πάντα ποιούντων ἕνεκεν κολακείας· ἢ Οὗτος ἀφαιρεῖται καὶ κροκύδας ἐπὶ τῶν διὰ κολακεία μέχρι καὶ τῶν σμικροτάτων καταγινομένων αἰτεῖν.

Bildung kokettirte, halbe Nächte lang über einen Ausdruck, eine Zeile, während sich gegen seine Grausamkeit und seine Hybris keiner von ihnen erhob[1].

Am schlimmsten sind jene, welche die Laster ihres Pflegers nicht nur übersehen, sondern ihn sogar darin bestärken, indem sie ihn mit scheinbarer Freimüthigkeit des gegentheiligen Fehlers bezichtigen. Himerios schalt einen höchst filzigen Nabob einen leichtsinnigen Verschwender, der mit seinen Kindern noch einmal werde hungern müssen. T. Petronius warf umgekehrt dem Nero kleinliche Sparsamkeit vor. Wenn Einer roh und grausam mit seinen Untergebenen umgeht, fordert ihn der κόλαξ auf, die gar zu grosse Gutmüthigkeit und das unzeitige Mitleiden abzulegen. Vor einem Dummkopf stellt er sich, als fürchte er seine überlegene Schlauheit. Ein Lästermaul sieht sich einmal veranlasst einen Angesehenen zu loben; der κόλαξ widerspricht: das sei eine Krankheit des Freundes, Leute zu loben, die es nicht verdienen. Wenn Einer mit seinem Bruder zerfallen ist, seine Eltern verachtet, seine Frau schlecht behandelt, so sagt der κόλαξ: »du bist an Allem Schuld, du machst ihnen viel zu sehr den Hof«. Ist ein Zerwürfniss mit einer Hetäre oder einer Ehebrecherin eingetreten, so trägt er Feuer zu Feuer, wirft dem Liebhaber vor, wie lieblos und hart er gegen die Geliebte sei. So die Freunde des Antonius in seinem Verhältniss zur Kleopatra: sie beredeten ihn, dass er von ihr geliebt werde, schalten ihn unempfindlich und hochmüthig. »Sie hat ihr Königreich und ihre heimathliche Behaglichkeit verlassen, theilt mit dir das Kriegsleben wie ein Kebsweib und du lässt sie schmachten«. Das hörte Antonius gern, lieber als Lob. Solche παρρησία ist wie die Bisse leidenschaftlicher Frauen, durch scheinbaren Schmerz die Wollust reizend[2].

Immer führt der κόλαξ den unvernünftigen, leidenschaftlichen, lasterhaften Trieben des Freundes das Wort und wird so zu seinem bösen Genius. Im Zweifelsfalle legt er stets sein Gewicht in die Wagschale der niederen Regungen. Hat z. B. der Freund einem

---

1, Plutarch über d. Unterschied zwischen φίλος und κόλαξ 17 p. 59 F, nach Theophrast? (τοιοῦτος γὰρ ὁ κόλαξ οἷος ῥήτορος φαύλου κτλ.) Anekdoten über κολακεία unter der Maske der παρρησία: Agis von Argos gegen Alexandros d. Gr., der Senator gegen Tiberius ebenda 18.

2, Plutarch a. O. 19 p. 60 D. Vgl. Leben des Antonius 53.

Angehörigen versprochen Geld zu leihen, bereut es aber und schämt
sich doch sein Wort zu brechen, so schlägt der κόλαξ dieses Ehr-
gefühl nieder mit der Bemerkung: »du giebst ohnehin so viel aus,
hast so vielen zu helfen, musst sparen«; und so siegt die Rücksicht
auf den Geldbeutel. Hat sich der Freund den Magen überladen und
zweifelt ob er baden und essen soll, so wird der κόλαξ, statt zur
Vorsicht zu mahnen, ihn in das Badelocal schleppen und ihn auf-
fordern von frischem auftragen zu lassen, den Leib nicht durch Fasten
zu schwächen. Ist jener aus Weichlichkeit unlustig zu einem Wege,
einer Seefahrt, einem Geschäft, so wird der κόλαξ sagen: »es drängt
ja auch gar nicht, es ist eben so gut, wenn du es aufschiebst oder
einen anderen schickst«[1]).

Schroffe, eigenwillige, auf sich beruhende Naturen, denen mit
directem Lob und gewöhnlichen Schmeichelkünsten nicht beizukommen
ist, gewinnt der geschmeidige Rathgeber dadurch, dass er sich selbst
des Rathes bedürftig zeigt. Er kommt zu dir, um dich als einen
äusserst klugen Mann über seine Privatangelegenheiten um Rath zu
fragen; zwar habe er nähere Freunde, aber er könne nicht umhin
dich zu belästigen: ποῖ γὰρ καταφύγωμεν οἱ γνώμης δεόμενοι; τίνι δὲ
πιστεύσωμεν; Nachdem er dann irgend ein Wort von dir vernommen,
versichert er, ein Orakel, keine Ansicht gehört zu haben, und ver-
abschiedet sich. Sieht er, dass einer Anspruch auf stilistische Kennerschaft macht, so giebt er ihm etwas von seinem Geschriebenen, bittet
ihn es zu lesen und zu verbessern. Dem König Mithridates, der gern
den Arzt spielte, gaben sich einige seiner Hausfreunde zu Operationen,
zum Schneiden und Brennen her[2]).

Κολακεία in Handlungen. Unerschöpflich natürlich sind die
thatsächlichen Beweise der Ergebenheit und Unterwürfigkeit, deren der
κόλαξ sich befleissigt, denn eben in der Erfindung immer neuer Huldigungen bewährt sich sein Genie. Uns kommt es auch hier nur
darauf an die Züge zu sammeln, die gerade durch ausdrückliche
Zeugnisse nachweisbar sind. Von den passiven Leistungen auf diesem
Gebiet ist schon oben die Rede gewesen.

Als treuer Begleiter seines Gönners spielt er seine Rolle vor
Allem im unmittelbaren persönlichen Verkehr. Auf der Strasse läuft

1) Plutarch über den Unterschied zwischen φίλος und κόλαξ 20.
2 Plutarch a. O. 14 p. 57F.

er dir entweder entgegen oder nach, grüsst dich mit lächelnder Miene
von weitem, streckt dir die Rechte entgegen, entschuldigt sich unter
Betheuerungen und Schwüren, wenn du ihn früher gesehen und angeredet hast [1]). Namenlose Emporkömmlinge gewinnt die vornehmere
Ansprache mit dem Vornamen [2]. Unterwegs leistet er dir die Dienste
eines antcambulo [3]). Die Begegnenden fordert er auf still zu stehen,
bis du vorübergegangen bist [4]). Aus dem Gedränge befreit er dich
durch Entgegenstemmen seiner Schultern [5]) Bist du auf dem Wege
zu einem deiner Freunde, so läuft er voran und meldet dich bei
demselben, kehrt dann wieder um und berichtet, dass er dich ange-
meldet hat [6]). Thust du in Gesellschaft eine Aeusserung, so fordert
er die übrigen auf zu schweigen [7]). Bei Berathungen in Volksver-
sammlungen oder im Rath ergreift er mit Absicht kurz vor deiner
Ankunft das Wort. Trittst du dann ein, während er noch spricht,
so hört er mitten in seiner eigenen Rede auf, tritt Rednerbühne und
Wort an dich ab, stimmt ohne weiteres deiner ganz entgegengesetzten
Ansicht zu, und giebt hierdurch mehr als durch lautes Lob zu erkennen, wie sehr er sich deiner Einsicht unterordne [8]). Im Theater
und bei öffentlichen Vorträgen kommt er vorher, um die besten
Plätze einzunehmen und sie dann dem Gönner zu überlassen [9]). Er
nimmt dem Diener die Kissen ab und breitet sie dir selbst unter [10]);
fragt dich, ob du auch nicht frierst, ob du eine Decke oder einen
Überwurf haben willst; ermahnt dich, wenn ein Luftzug geht, dein
theures Haupt zu bedecken [11]). Dabei neigt er sich zu dir und flüstert

---

[1] Plutarch φίλος und κόλαξ p. 62 D. Dazu Maximus Tyrius 20, 1: ατατηρῶς,
ὀρέγων δεξιὰν παρακαλείτω τὸν ἄνδρα ἐπεσθαι αὐτῷ, ἐπαινῶν, κυδαίνων καὶ
ἀντιβολῶν καὶ δεόμενος καὶ διηγούμενος ἐκτόπους τινὰς ἡδονὰς, ᾗ λαβὼν αὐτὸν
ἄξει κτλ.

[2] Horaz serm. II 5, 32: 'gaudent praenomine molles Auriculae'.

[3] Vgl. Marquardt Privatleben der Römer S. 145.

[4] Theophrast char. 2 p. 113, 21f.

[5] Horaz serm. II 5, 94: 'extrahe turba Oppositis umeris'.

[6] Theophrast a. O. p. 124, 5 ff.

[7] Theophrast p. 123, 20.

[8] Plutarch φίλος und κόλαξ 15 p. 58 B.

[9] Plutarch a. O. p. 58 C.

[10] Theophrast p. 124, 15. Vgl. Aristoph. eq. 784 f. Aeschines gegen Ktesi-
phon 76. Ovid a. a. 159 ff. (schon von 115 an: κολακεύματα des Liebhabers).

[11] Horaz serm. II 5, 93: 'mone, si increbruit aura, Cautus uti velet carum caput'.

dir ins Ohr. Auch wenn er mit anderen spricht, hat er doch immer
den Blick auf dich gerichtet[1]).

Von den mannigfachen offiziellen κολακεύματα, welche zu Ehren
eines Machthabers oder Mitbürgers auf Grund von Anträgen Einzelner
und danach gefasster Volksbeschlüsse erfolgt sind, kann hier nur an-
deutungsweise die Rede sein[2]). Mit Demonstrationen solcher Art hat
es im Privatleben eine gewisse Verwandtschaft, wenn der κόλαξ seinem
neugeborenen Kinde den Namen des Gönners giebt[3]), das Bild des
letzteren im Siegelringe trägt[4]), ihn als Gast vor allen durch einen
goldenen Kranz auszeichnet[5]).

Unermüdlich ist er in praktischen Diensten aller Art, keinem
anderen neben sich lässt er Raum und Gelegenheit dazu, verlangt
Aufträge über Aufträge und ist gekränkt, ja ausser sich, wenn er
keinen erhält; seine Versprechungen sind unbedingt, überschwäng-
lich[6]). Er ist der Mann, rastlos, ohne Athem zu schöpfen, auf dem
Weibermarkt Commissionen zu besorgen und unzählige Bedürfnisse
für das Hauswesen des Gönners von da einzuholen[7]). Am wenig-
sten lässt sich der Parasit das Geschäft nehmen, für die Küche ein-
zukaufen[8]).

---

1) Theophrast p. 121, 11—15.

2) Vgl. z. B. Plutarch Demetr. 10 ff.

3) Aristomenes als κόλαξ des Agathokles nannte seine Tochter Agathokleia:
Polybios XV 31, 8. Lukian Timon 168. Wenn Kallikrates, κόλαξ des dritten Ptolemaios, das Bild des Odysseus in seinem Siegelring trug und seine Kinder Telegonos
und Antikleia nannte (Athen. VI p. 251 D), so muss eben jener König seinen Stamm-
baum auf diese Ahnen zurückgeführt haben. Ein mythischer König Telegonos von
Aegypten ist ja z. B. aus der Geschichte der Io bei Apollodor II 1, 3, 8 (vgl.
schol. Eurip. Or. 932) bekannt. Vgl. Meineke anal. crit. ad Athen. p. 109.

4 Polybios a. O.

5 Polybios a. O.

6 Plutarch a. O. p. 62 D.

7 Theophrast p. 121, 7 f. mit der Anm. von Casaubonus. Ueber die γυναικεία
ἀγορά oder den κύκλος, wo alles mögliche Hausgeräth zu kaufen war, s. Pollux
X 18. Becker Charikl. II² 151 f. Büchsenschütz Besitz und Erwerb 471. Wachsmuth
Stadt Athen I 201.

8 Plautus Capt. 473. Der Parasit klagt über die gegenwärtige Generation:
'ipsi obsonant, quae parasitorum ante erat provincia'. mil. gl. 666 (in einer inter-
polirten Partie): 'vel hilarissumum convivam hinc indidem expromam tibi vel pri-
marium parasitum atque obsonatorem optumum'. Gnatho im Eunuchus 255 ff.
erzählt, wie ihn beim macellum das ganze Volk der cuppedinarii begrüsst: 'con-

Dafür weiss er aber auch sein Verdienst in gehöriges Licht zu
setzen. Mit schreienden Farben und breitem Pinsel entwirft er ein
Bild seiner Anstrengungen, was für Wege er gemacht, welche Sorgen
er gehabt, welche Nöthe er durchgemacht, welche Feindschaften er
sich zugezogen hat. In Schweiss, Geschrei, Athemlosigkeit, geschäf-
tigem Laufen, wichtigthuenden Gebärden und Mienen nimmt er es
mit jedem servus currens auf[1]).

Während er für wirklich mühsame, gefährliche Dienste zu an-
ständigen, offenen Zwecken versagt, ist er stets bereit, dem Freunde
bei leichtfertigen, niedrigen, unsittlichen, heimlichen Unternehmungen
an die Hand zu gehen[2]). Vornehmlich ist er ein bereitwilliger
und geschickter Gehilfe in Liebesangelegenheiten, auch hierin mit
dem listigen, intriguanten Sclaven wetteifernd[3]. Darum macht
er sich mit Vorliebe an reiche junge Männer und steht mit den
gestrengen Vätern auf Kriegsfuss. Alle seine Rathschläge laufen
den Ermahnungen des Vaters geradezu entgegen; der unentrinnbare
Köder ist die ἡδονή. Der Vater ermahnt zur Nüchternheit, der κόλαξ
zum Trinken; jener zur Ehrbarkeit, dieser zum Ausschweifen; jener
zum Sparen, dieser zum Verschwenden; jener zur Thätigkeit, dieser
zum Müssiggang. So spricht er: »das Leben ist ja doch nur ein
Punkt in der Zeit; man muss es geniessen; der Alte ist ein ver-
schimmelter Philister und reif für den Tod, hoffentlich werden wir
recht bald seine Leiche zum Hause hinaustragen«[4]). Er plündert den
Beutel des Alten, verhilft dem Jungen zu seiner Dirne[5]) oder ver-
kuppelt ihm eine Ehefrau[6]); setzt dem einfältigen Liebhaber den

---

currunt laeti mi obviam cuppedinarii omnes: Cetarii lanii coqui fartores piscatores.
Quibus et re salva et perdita profueram et prosum saepe: Salutant, ad cenam
vocant, adventum gratulantur'. Die Anekdote aus den Χρεῖαι des Komikers Machon
über Chairephon bei Athenaeus VI p. 243 F.

1) Plutarch φίλος und κόλαξ p. 63 F. Vgl. Curculio II 3, Ergasilus in den
Captivi IV 2.

2) Plautus Amphitruo 993: 'amanti supparasitor'; vgl. 515 mil. 348.
parasitatio: Amph. 521.

3) Plutarch a. O. p. 64 D.

4 Vgl. die vereitelten Hoffnungen des Parasiten bei Alkiphron I 21.

5 Alkiphron III 8: ein Parasit will im Bunde mit einem Collegen seinem
Gönner, einem νεόπλουτος, eine spröde Hetäre mit List oder Gewalt zuführen.

6) Plutarch über Kindererziehung 17 p. 13 A.

Contract mit der Hetäre und der Kupplerin auf[1], übernimmt Sendungen ins Ausland, um das nöthige Geld für Liebeshandel aufzutreiben und spielt dabei (im Interesse seines Auftraggebers) den verschmitzten Gauner[2]; giebt seine eigene hübsche, unschuldige Tochter einer fremden Liebesintrigue und seinem Hunger zu Gefallen zu einem Scheinverkauf an den Kuppler her[3]; führt als geriebener Sykophant Processe, um dem Sohn hinter dem Rücken des Vaters zu seiner Geliebten zu verhelfen[4]; unterstützt auch den ungetreuen Ehemann in seinen Abenteuern[5], oder wenn es gilt die Frau wegzujagen und den Verwandten Trotz zu bieten[6]; denunciirt denselben bei der Gattin aus boshafter Rache[7], oder um den jungen Herrn von der Nebenbuhlerschaft des alten zu befreien und jenem zu seinem Liebesglück zu verhelfen[8], oder um den Widerstand des Alten durch demüthigende Erinnerung an eigene Jugendsünden zu brechen[9]. Wenn er gereizt wird, besinnt er sich auf seine Pflicht als getreuer Haushund die Ehre seines τρέφων zu bewachen, und zeigt den ehebrecherischen Verkehr der Frau mit dem μοιχός an[10]) oder enthüllt Heimlichkeiten aus vorehelicher Zeit[11]).

Als Erbschleicher vollends scheut der κόλαξ weder Kosten noch Mühe. Er füllt dem orbus Küche und Vorrathskammer mit Braten, mit den besten Erzeugnissen seines Gartens, er vertheidigt ihn vor Gericht, leiht ihm seine eigene Penelope, wenn denselben danach gelüstet[12]).

1) Plautus Asinaria 746 ff. Bei Alkiphron III 64 ist der junge Herr in eine Hetäre verliebt, welche ihre Gunst vielmehr dem Parasiten zuwendet. Ein verliebter Parasit: 67.

2) Plautus Curculio 67 f. 113 f. 206 f. 225 f. 275. 329 ff.

3 Saturio im Persa des Plautus.

4 Phormio des Terenz.

5 Alkiphron III 72: die eifersüchtige Frau hat den Parasiten als vermuthlichen Gelegenheitsmacher zur Verantwortung gezogen; durch einen Glücksfall kommt er mit einem blauen Auge davon.

6 Plutarch φίλος und κόλαξ p. 64 F.

7, Peniculus in den Menaechmi des Plautus V 1.

8) Plautus Asinaria V 2.

9) Terenz Phormio V 9.

10) Alkiphron III 62. Die Frau hat sich durch einen Eid gereinigt und der blamirte Denunciant verwünscht seine Zunge: 69.

11) Alkiphron III 63.

12 Aelter als alle die Schilderungen und Züge bei Horaz (besonders sat. II 5) Ovid Martial Iuvenal u. a., welche Friedländer Sittengesch. I5 S. 367 ff. zusammen-

Erkrankt der Reiche, so geloben die κόλακες Opfer für seine Genesung, und fühlen sich dann freilich sehr enttäuscht, wenn diese eintritt[1]. Nicht weniger erfreuen sich reiche alte Frauen solcher Huldigungen[2].

Beruf und Zwecke des κόλαξ bringen es mit sich, dass er gegen Rivalen eifersüchtig und neidisch ist, mögen dieselben nun wahre Freunde oder nur seines Gleichen sein. Gelingt es ihm nicht sie offen aus dem Felde zu schlagen, so macht er ihnen öffentlich den Hof und kriecht vor ihnen, verläumdet sie aber im Stillen, denn er weiss, dass von seinen heimlichen Bissen, so geschützt das Opfer auch sein mag, doch immer Narben zurückbleiben[3]. Denn die κολακεία ist eine Schwester der διαβολή[4], zumal bei Hofe. Unter der Schaar der αὐλικοὶ κόλακες ist ein beständiger Kampf: jeder will der erste sein, stösst den Nebenmann mit dem Ellenbogen bei Seite und stellt dem Vordermann, wenn er kann, ein Bein; alle passen einander auf, um gegenseitig Blössen zu erlauschen[5].

Lob und Tadel des κόλαξ. Seit Epicharm[6] und Eupolis[7] sind die Parasiten und κόλακες der Komödie geneigt gewesen über die Vorzüge ihres Charakters und Berufes, über ihre grossen Vorgänger, über die Regeln ihrer Kunst, seltener über die Plagen und Leiden ihres Standes sich auszusprechen, häufig in Monologen (namentlich Prologen). Darin haben sie eine gewisse Wahlverwandtschaft mit den Köchen. Der Parasit, sagt der in den Δίδυμοι des Antiphanes[8], ist ein theilnehmender Freund: er nimmt Antheil an Glück und Leben (Lebensunterhalt) seiner Freunde. Kein Parasit wünscht denselben Unglück, im Gegentheil beständiges Wohlergehen. Lässt Einer viel draufgehen: er beneidet ihn nicht, sondern wünscht nur als Gesell-

---

stellt (vgl. auch Petron c. 116 über Croton, und 124 zu Ende), ist was der lebenslustige Hagestolz im miles glor. 706 ff. R. vorträgt.

1) Lukian Todtengespräche 5.
2) Athen. VI p. 246 D.
3) Plutarch φίλος und κόλαξ p. 65 D: Apophthegma des Medios.
4) Lukian calumniae u. s. w. 20. 151 vol. III p. 162 Bekk.). Vgl. Alkiphron III 58.
5) Lukian a. O. 10, 139.
6) Ἐλπίς ἢ Πλοῦτος.
7) Κόλακες fr. 159.
8) fr. 81.

schafter Theil daran zu haben. Er ist ein treuer und zuverlässiger Freund, nicht streitsüchtig, nicht heftig, nicht giftig. Er lässt sich Zornausbrüche gefallen, lacht, wenn du ihn verspottest, versteht sich auf Liebe (ἐρωτικός), macht Spass, ist heiter, dann wieder ein strammer Krieger, wenn er als Löhnung eine gute Mahlzeit erhält. »Giebt es wohl«, fragt ein anderer in den Λήμνιαι[1], »einen angenehmeren Beruf als κολακεύειν? Alle anderen haben Mühe und Sorge: uns vergeht das Leben unter Lachen und Schwelgen. Wo die Hauptaufgabe Scherz, herzliches Gelächter, Neckerei, Zechen ist, ist das nicht angenehm? Für mich kommt es gleich nach dem Reichsein«.

»Du kennst meinen Charakter«, sagt jener in den Πρόγονοι desselben Dichters[2], »dass ich nicht von Hochmuth besessen bin, sondern meinen Freunden diene mich schlagen zu lassen als glühendes Eisen, zu schlagen als Donnerkeil, einen zu blenden als Blitz, einen zu entführen als Wind, zu erwürgen als Schlinge, Thüren aufzubrechen als Erdbeben, hineinzuspringen als Heuschrecke, ungeladen zu schmausen als Fliege[3], zu erdrosseln, zu tödten, Zeugniss abzulegen über was man will, Alles unbedenklich zu thun. Um dessentwillen nennen mich die jungen Leute Ungewitter (σκηπτός), aber ich mache mir nichts aus den Spöttereien, denn als Freund meiner Freunde gründe ich mein Verdienst auf Thaten, nicht auf Worte«[4].

Nachgebildet und variirt ist die Stelle im Ἰατρός des Aristophon[5]: »giebt Einer einen Schmaus, so bin ich zuerst da, so dass ich schon lange Suppe (ζωμός) heisse. Gilt es Einen, der sich beim Wein ungebührlich beträgt, vor die Thür zu setzen, so darfst du in mir einen argivischen Ringer sehen; gilt es an ein Haus anzurennen, so bin ich ein Sturmbock, eine Leiter heranzuklimmen, ein Kapaneus, Schläge zu ertragen, ein Ambos, Ohrfeigen auszutheilen, ein Telamon[6],

---

1) fr. 111.

2) fr. 194.

3) Die demnächst folgenden Worte μὴ 'ξελθεῖν φρέαρ scheinen verdorben zu sein: der Fehler muss im Verbum stecken. Man erwartet etwas wie βροχθίζειν. ἐγκάπτειν, ἐγχαίνειν.

4) Aus anderen Lobreden auf das Parasitenthum stammt von Antiphanes inc. fab. fr. 230. 248 f.

5) fr. 3 (III 357 M.). Vgl. auch die Charakteristik des Pythagoristen fr. 9.

6) Τελαμώνιοι κόνδυλοι sprüchwörtlich (Hesychius) wegen Apollodor III 12.

6 11.

Schöne zu versuchen, Rauch«[1]). Das φιλέταιρον der Parasiten preist
ein solcher im Δρακόντιον des Timokles[2]: »liebst du, so theilt er
deine Gefühle ohne Umstände; hast du ein Geschäft, so ist er mit
dabei und thut was irgend nöthig ist, indem er dasselbe für Recht
hält als sein Pfleger, ein Lober und Bewunderer desselben durch
dick und dünn. Es ist wahr, die Parasiten haben Gefallen an un-
entgeltlichen Tafelfreuden: aber welcher Sterbliche nicht? welcher
Heros oder Gott verschmäht eine solche Unterhaltung? Ein Haupt-
beweis wie man sie ehrt, dass man ihnen dasselbe gewährt wie den
olympischen Siegern: Speisung; denn προτανεῖα werden alle Mahl-
zeiten ohne Beitrag genannt«.

Wie vornehm und nur durch unwürdige Stümper in Verruf gebracht der Parasitenberuf sei, führt ein selbstbewusster Vertreter in
der Ἐπίκληρος des Diodoros fr. 2 (III 543 f. M.) aus. Hat ihn doch
kein geringerer als Zeus φίλιος erfunden. Dieser tritt in die Häuser
ein, gleichviel ob arm oder reich, und wo er ein hübsch überdecktes
Lager sieht und einen Tisch mit gehörigem Zubehör dabei, da lässt
er sich fein nieder, und nachdem er sich mit Speise und Trank
gehörig gütlich gethan, geht er wieder nach Hause, οὐ καταβαλὼν
συμβολάς. »Ganz eben so mach' ich es: seh' ich gedeckte Lager
und gerüstete Tische und die Thür offen, so trete ich still ein,
ordne meinen Anzug, um den Genossen nicht zu belästigen, greife
tapfer bei allen Schüsseln zu, trinke und gehe dann wie Zeus φίλιος
heim«. Auch auf die ehrwürdige Genossenschaft der 12 Parasiten
des Herakles beruft er sich, wofür mit Sorgfalt begüterte und wohl-
beleumdete Abkömmlinge von Dynasten[3] aus der Bürgerschaft aus-
gelesen werden. Dem Beispiel des Herakles folgend haben dann
später wohlhabende Leute Parasiten an ihren Tisch berufen, leider
nicht τοὺς χαριεστάτους, sondern τοὺς κολακεύειν δυναμένους, Leute
die ganz wie die κόλακες des Eupolis sich zu den elendesten Schmeicheleien erniedrigen[4]. Diese Leute sind Schuld daran, dass der sonst
so ehrenvolle und rühmliche Beruf jetzt verachtet ist.

Es ist eben eine Kunst, die gelernt und geübt sein will, und

----

1 Vgl. Schweighäuser zu Athen. VI p. 238 B.

2) fr. 8 III 591 f. M.).

3) nämlich νόθοι.

4 V. 35—40: s. oben S. 45.

zwar von klein auf. Im Πρωτόχορος des Antidotos[1]) erzählt ein
erfahrener Meister einer Schar von Adepten, wie er schon als Knabe
die Ohren gespitzt habe, wenn die Rede auf diesen seinen Beruf
(τεχνίον) gekommen sei[2]). Ein anderer bei Axionikos im Χαλκιδικός
fr. 6 (III 534 M.) erzählt von den Ohrfeigen und den Wunden, die
ihm an den Kopf geworfene Geschirre und Knochen in seiner Jugend
verursacht haben. Aber diese Lehrzeit ist zu seinem Heil gewesen:
jetzt weiss er den Streitsüchtigen durch bereitwillige Zustimmung zu
pariren, erwirbt sich Gunst, indem er dem Schurken, der ein braver
Mann zu sein behauptet, Lob spendet, und nimmt auch mit halbver-
dorbenen Speisen gelegentlich vorlieb. Eine Schule der ars parasitica,
deren Jünger nach ihm selbst Gnathonici heissen sollen, will Gnathon
im Eunuchus des Terenz (260 ff.) stiften.

Am ausgiebigsten ist die Belehrung eines gewiegten Altmeisters
bei Nikolaos (IV 579 M.). Nach ihm ist Tantalos[3]) der Urahn des
Parasitengeschlechtes, aber er verstand sich schlecht auf seine Kunst:
er hatte eine zügellose Zunge, wurde vom Tisch (des Zeus) gejagt
und bekam einen Schlag mitten auf den Bauch, dass ihm die Sinne
vergingen, — ganz mit Recht: denn er war ein dummer Phryger, der
die Offenheit seines Brotherrn nicht ertragen konnte. Auch jetzt ist
vor dem Leichtsinn, mit dem man den gepriesenen Beruf des ἀσυμ-
βόλως τἀλλότρια δειπνεῖν ohne alle Vorbereitung ergreift, zu warnen.
»Wie kommst du denn eigentlich dazu, Mensch? was verstehst du?
wessen Schüler bist du? welcher Secte hast du dich angeschlossen?
von welchen Grundsätzen gehst du aus? Mit Mühe gelingt es uns,
die wir ein ganzes Leben darauf verwendet haben, eine offene Thür
zu entdecken, weil es so viele unverschämte Concurrenten giebt.
Nicht jeden führt die Fahrt zur Tafel glücklich hin. Erstens muss
man eine gute Lunge haben, dann eine kecke Stirn, eine Gesichtsfarbe, die nicht wechselt, unermüdliche Backen, die einen Puff aus-
halten können. Das sind die ersten Elemente der Kunst. Dann muss

---

1) III 528 M., später als die gleichnamige Komödie des Alexis.
2) Der Sprecher wird bei Athenaeus VI p. 240 b mit den Gelehrten in dem
von Claudius Caesar in Alexandria als Annex des Museums gestifteten Claudianum
(Sueton. Claud. 42) verglichen, ὧν οὐδὲ μεμνῆσθαι καλόν: also etwa ein Haus-
gelehrter, wie ihn Lukian beschreibt?
3) Ixion als Parasit des Zeus: Lukian Kronosbriefe 1. 38 p. 117.

man verstehen, wenn man verspottet wird, sich selbst auszulachen; dem Brotherrn zu dessen Verderben zu Gefallen zu sein (πρὸς χάριν ὁμίλει τοῦ τρέφοντος ἐπ' ὀλέθρῳ). Der alte eitle Geck, der sich schminkt, sei dir ein Ganymedes; dem prahlerischen Krieger, der bei Tische Schlachten liefert und Leichenhaufen thürmt (in seinen Erzählungen), höre geduldig zu, deinen Spott verbergend, und lass deinen Aerger an den Speisen aus«. So übertrifft die τέχνη παρασιτική alle übrigen Künste, selbst die ἀλαζονεία[1]).

Eine Ergänzung[2]) dieser Bruchstücke bietet Lukians Dialog über den Parasiten, eine Lobschrift auf denselben, welche den Beweis führt, dass sein Beruf eine Kunst ist (ὅτι τέχνη ἡ παρασιτική). Es ist nach dem Obigen wohl anzunehmen, dass der Sophist einen Theil seiner Argumente und Beispiele der Komödie und anderen älteren Quellen verdankt.

Der Parasit Simon ist auf die Kunst, als deren Meister er sich rühmt, nicht weniger stolz als Phidias auf seinen Zeus und schämt sich des Namens παράσιτος durchaus nicht. Die erste Aufgabe des Parasiten ist, zu prüfen und zu entscheiden, wer geeignet ist ihn zu verpflegen, wem er zum Zweck des παρασιτεῖν sich anschliessen soll, ohne es später bereuen zu müssen. Dazu gehört eben so viel Unterscheidungsgabe wie für den Münzkenner, der echte und falsche Münzen zu scheiden hat, ja die Aufgabe des Parasiten ist schwieriger, da er keine äusseren Kennzeichen hat: er muss eine Art Mantik ausüben. Welcher Geist und wieviel Übung gehört ferner dazu, immer durch angemessene Worte und Handlungen dem Gönner seine Zuneigung zu zeigen und sich in seinen vertraulichen Verkehr einzunisten! Dann erfordert es Geschick, an der Tafel des Freundes so

---

1) Anaxandrides im Φαρμαχομάντις fr. 49 (III 193 M.):

ὅτι εἴμ' ἀλαζών, τοῦτ' ἐπιτιμᾷς· ἀλλὰ τί·
νικᾷ γὰρ αὕτη τὰς τέχνας πάσας πολύ
μετὰ τὴν κολακείαν· ἥδε μὲν γὰρ διαφέρει.

2) Eine satirische Anweisung für die Jünger des Parasitenthums in Bagdad zur Zeit der Chalifen theilt aus dem Arabischen mit Alfred v. Kremer Culturgeschichte des Orients unter den Chalifen II 201 ff. Unter Anderem wird auch hier empfohlen: »vorzüglich nehmt auf Hochzeitsschmäuse Bedacht, oder die Häuser, wo man eine Erbschaft gemacht« u. s. w. Dann bekennt der Altmeister: »o wie oft habe ich gestritten und gelitten. Hiebe gegeben und bekommen. Tritte vertheilt und genommen!« u. s. w.

viel wie möglich zu essen. Der Parasit muss ein Kenner sein und wissen was gut schmeckt, und er muss diese Kennerschaft beständig pflegen, um sie nicht zu verlieren.

Die παρασιτική ist in der That eine τέχνη ποτέων καὶ βρωτέων καὶ τῶν διὰ ταῦτα λεκτέων, ihr τέλος ist das ἡδύ, und schon Homer, in dessen Zeit die Parasiten δαιτυμόνες hiessen, stellt durch den Mund des Odysseus, des weisesten der Hellenen, die Tafelfreuden als das schönste Ideal hin. Epikur hat der παρασιτική ihr τέλος entwendet für seine εὐδαιμονία, aber bei ihm kommt es nicht zur Geltung über der Unruhe wissenschaftlicher Forschung [1]. Der Parasit als Optimist zerbricht sich nicht den Kopf über die Weltschöpfung: in grösster Behaglichkeit und Seelenruhe isst er, liegt rücklings, Füsse und Hände ausgestreckt wie Odysseus, als er von Scheria nach Hause abfuhr. Der Epikureer, auch wenn er reich ist, hat viel Sorgen und Verdriesslichkeiten in seinem Hauswesen, die ihm das ἡδύ verkümmern können. Der Parasit hat weder einen Koch, der ihn ärgert, noch Feld noch Hausverwalter noch Silbergeschirr, dessen Verlust ihm Verdruss bereiten könnte.

Alle anderen τέχναι erlernt man mit Mühe, die Parasitenkunst allein ohne alle Mühe. Wen hat man vom Schmause weinend weggehen sehen: wie viele aus der Schule? wer geht mit finsterem Gesicht zum Schmause, wie die welche in die Schule gehen? Was Väter und Mütter ihren Kindern zur Belohnung für Fortschritte im Lernen geben, das hat der Parasit alle Tage. Täglich feiert er Feste, alle Tage sind für ihn heilige. Die Ausübung dieser Kunst bedarf keiner Werkzeuge, sie braucht überhaupt nicht gelernt zu werden, sie stellt sich durch göttliche Eingebung (θείᾳ μοίρᾳ) ein wie die Dichtkunst. Man kann sie ausüben zu Lande und zu Wasser, daheim und unterwegs. Ihre Voraussetzung ἀρχή) ist die edelste, nämlich Freundschaft (φιλία). Nur den Freund lässt man Theil nehmen am Tisch und den Mysterien dieser Kunst. Dass dieselbe eine königliche ist, sieht man daran, dass der Parasit sie im Liegen ausübt, nicht sitzend oder stehend, nicht im Schweiss seines Angesichts wie ein Sclave. Er pflanzt und pflügt nicht, Alles wächst ihm von selbst zu. Die Parasitik hat allein einen festen Begriff, während es über

---

[1] Vgl. Hegesippos fr. 2 oben S. 34.

das Wesen der Rhetorik, der Philosophie die verschiedensten An-
sichten giebt. Sie ist dieselbe bei Hellenen und Barbaren, es giebt
keine Verschiedenheit der Dogmen in ihr.

Kein Parasit trägt nach der Philosophie Verlangen, aber viel
Philosophen nach der Parasitik. So ist der Sokratiker Aeschines in
Sicilien Parasit bei Dionysios geworden, ebenso Aristipp, der es zu
grossem Ansehen in diesem Beruf gebracht hat. Plato dagegen hat
ihn nach zweimaligem kurzem Versuch wegen Ungeschick aufgeben
müssen. Aristoxenos war Parasit des Neleus, Euripides bei Archelaos,
Anaxarchos bei Alexander. Aristoteles ist in der Parasitik nur ein
Anfänger gewesen wie auch in anderen Künsten. Wenn es zur
Glückseligkeit gehört nicht zu hungern, zu dürsten, zu frieren, so
trifft das vor allem bei dem Parasiten zu. Philosophen, die frieren
und hungern, sieht man genug, aber keinen Parasiten; denn wer dies
leidet, ist eben kein Parasit, sondern ein Bettler oder ein Philosoph.

Wenn ein Krieg bevorstände und eine Musterung der waffen-
fähigen Mannschaft stattfände, so würden die Parasiten sich als die
tauglichsten herausstellen. Philosophen und Rhetoren sind mager
und blass, der Parasit ist wohlgenährt, von angenehmer Hautfarbe,
weder schwarz wie ein Sclave, noch weiss wie ein Frauenzimmer,
lebhaft, mit kühnem feurigem Blick. Die besten Helden bei Homer
sind Parasiten: Nestor war Parasit des Königs, der ihn höher stellte
als den Achill, den Diomedes und den Aias. Auch Idomeneus war
Parasit des Agamemnon, Patroklos des Achill. Um ihn zu tödten
bedurfte es eines Gottes und zweier Menschen, und wie nobel ist
er gestorben! Dass er aber Parasit war, beweisen seine eigenen
Worte bei Homer, denn er nennt sich nicht φίλος, sondern θεράπων
des Achill, was nur Parasit bedeuten kann, da er ja kein Sclave
war[1]). Ebenso ist Meriones Parasit des Idomeneus gewesen, endlich
(nach Thukydides) Aristogeiton, der Befreier Athens, Parasit des
Harmodios, denn er war arm und dessen ἐραστής, und natürlich sind
doch die Parasiten ἐρασταί ihrer τρέφοντες. Wie benimmt sich nun
der Parasit im Kriege? Zuvörderst geht er nie in die Schlacht, ohne
vorher gefrühstückt zu haben, wie auch Odysseus vorschreibt. Während andere mit ihrer Rüstung zu schaffen haben und vor Furcht

---

[1]) Vgl. Demetrius von Skepsis oben. S. 7. 32.

zittern, sitzt er mit heiterer Miene bei Tisch. Nachher kämpft er
in der vordersten Reihe, deckt mit seinem Schilde seinen τρέχων,
dessen Leben ihm ja theurer ist als sein eigenes. Fällt er, so bietet
er noch als Leiche einen stattlichen Anblick, als ob er bei einem
Symposion läge.

Im Frieden überlässt er Markt und Gerichte den Sykophanten,
besucht Gymnasien Palästren Symposien, deren Zierde er ist. Er
weiss mit den wilden Thieren umzugehen: weder vor einem Hirsch
noch vor einem Wildschwein erzittert er bei Tisch, er weist ihnen
die Zähne. Auf Hasen macht er besser Jagd als die Hunde. Wer
nimmt es beim Symposion mit ihm auf in Spässen und Essen, mit
Singen und Scherzen?

Was nun seinen übrigen Lebenswandel betrifft, so verachtet er
den Ruf: es ist ihm gleichgültig, was die Leute von ihm denken.
Er schätzt das Geld so gering wie die Steine am Strand. Er ist
nicht zornig, oder wenn er einmal erzürnt ist, so erheitert er vielmehr damit seine Gesellschaft[1]. Es giebt nichts was ihm Verdruss
bereiten kann, da er weder Geld noch Haus noch Diener noch Weib
noch Kinder hat. Wenn er Nahrungssorgen hat, so ist er eben kein
Parasit mehr. Er wird auch nicht von Furcht geplagt. Seine Thüre
legt er des Nachts nur leicht an, damit sie nicht vom Wind geöffnet
wird; kein Geräusch in der Nacht erschreckt ihn; an einsamen Orten
geht er unbewaffnet. Den Parasiten kann niemand wegen Buhlerei
oder Gewalt oder Raub anklagen[2]. Sobald er eins dieser Vergehen
begeht, hört er auf Parasit zu sein. Es giebt keine Apologie eines
Parasiten und nie ist ein Process gegen einen Parasiten erhoben
worden. Er stirbt den glücklichsten Tod, essend und trinkend:
höchstens stirbt er an mangelhafter Verdauung[3].

Ein Reicher ohne Parasit, der allein isst, erscheint als ein Bettler,
armselig und elend, wie ein Krieger ohne Waffen, ein Kleid ohne
Purpursaum, ein Pferd ohne χάλαρα. Der Parasit ist sein Schmuck
und sein Schutz.

Selten wird in der Komödie, desto häufiger aber in moralischen
und satirischen Betrachtungen die Schattenseite des Charakters

---

1) Vgl. Diphilos Συναρίς.
2 Vgl. Alkiphron III 52.
3 Vgl. dial. mort. 7.

direct herausgekehrt. Nur aus dem Γάμος des Diphilos haben wir eine in grösserem Stil gehaltene Auslassung über das Unheil, welches der κόλαξ anrichtet, fr. 23:

ὁ γὰρ κόλαξ
καὶ στρατηγὸν καὶ δυνάστην καὶ φίλους καὶ τὰς πόλεις
ἀνατρέπει λόγῳ κακούργῳ μικρὸν ἡδύνας χρόνον.
νῦν δὲ καὶ καχεξία τις ὑποδέδυκε τοὺς ὄχλους·
αἱ κρίσεις δ'ἡμῶν νοσοῦσι, καὶ τὸ πρὸς χάριν πολύ.

Auch im Ψευδηρακλῆς des Menandros fr. 505 beklagte (vielleicht ein treuer Diener) das Unheil, welches der Parasit mit seinem Gefolge im Familienleben anrichte, wenn er zur Frauenwohnung und zur Vorrathskammer Zutritt habe. Hieran schliessen sich die Verse des Komikers Anaxilas fr. 33 (III 353 M.): die κόλακες sind Würmer in der Habe der Besitzenden. Sie nisten sich bei einem Arglosen ein und essen, bis das Futter alle ist: nachher ist dieser eine leere Schale, sie aber nagen einen anderen an[1]).

Wie man sonst über den κόλαξ dachte, mag eine kleine Sammlung von Vergleichen lehren, durch die man ihn charakterisirt hat. Der κόλαξ hat die Natur des Polypen, der die Farbe des Felsens annimmt, an dem er gerade haftet, und sie mit dem Ort wechselt; er ist also ein echter Hellene, der nach der alten Regel lebt, die in populärer Spruchweisheit schon dem Kinde eingeprägt wurde[2]). In demselben Sinne gleicht er dem Chamäleon: wie dieses alle Farben annimmt, ausgenommen die weisse, so vermag er sich Allem anzupassen, nur nicht dem Ernsthaften und Guten[3]). Er ist wie ein Spiegel, der die Bilder fremder Bewegungen und Affecte wiedergiebt[4]), wie der Schatten des Menschen, der mit ihm geht und steht[5]), wie jene Eulenart (ὦτος), die dich umschwirrt und alle deine Bewegungen mitmacht[6]), wie der Vogelsteller, der die Stimme

---

1) Vgl. Plutarch φίλος und κόλαξ 19 p. 61 D.

2) Plutarch φίλος und κόλαξ 8 p. 52 F. Vgl. Athenaeus VII 100 p. 316 ff. Zenobius I 14 mit d. Erkl. J. Bernays über d. Phokylideische Gedicht S. XI f.

3) Plutarch a. O. p. 53 D.

4) Plutarch a. O. p. 53 A.

5) Plutarch a. O. p. 53 B.

6) Plutarch a. O. p. 52 B. Wyttenbach vergleicht Aristoteles hist. an. VIII 12: ὦτος ... ἔστι δὲ κόβαλος καὶ μιμητής, καὶ ἀντορχούμενος ἁλίσκεται, περιελθόντος θατέρου τῶν θηρευτῶν, καθάπερ γλαύξ. Plutarch de anim. solert. p. 961 E.

der Vögel nachahmt[1]); wie ein schlechter Maler, der wirkliche
Schönheit nicht zu erreichen vermag, sondern die Ähnlichkeit in
Runzeln, Narben, Hautflecken sucht[2]); wie Wasser, das sich aus
einem Gefäss ins andere giessen lässt[3]). Wie den Stieren die Bremse,
den Hunden die Laus im Ohr sitzt, wie der Holzwurm sich gerade
in weiches und süsses Holz am liebsten einbohrt, so klammert sich
der κόλαξ am liebsten an Eitle und Ehrgeizige[4]). Er ist der schlimmste
Bekämpfer der Selbsterkenntniss, ein Feind des Pythischen Apollon
und, sofern die Wahrheit etwas Göttliches ist, ein Gottverhasster[5]).
Wie unechtes Gold nur den Glanz des echten ausstrahlt, so giebt
der κόλαξ nur die heitere und freundliche Seite des wirklichen Freundes wieder[6]. Er ist nur für frivole Zwecke zu brauchen, wie der
Affe als Hausthier nur zu Possen und Scherz dient[7]), diebisch und
räuberisch wie der Rabe[8]) und Geier[9]), zudringlich wie die Fliege[10]).
Er wedelt, kriecht, grinst wie der Hund.

V.

Die Charakteristik des κόλαξ-παράσιτος wird weiter vervollständigt
durch die Spitznamen, welche Einzelnen oder besonderen Kate-
gorien beigelegt sind. Ein Theil derselben ist schon zur Erwähnung
gekommen.

Ζωμός. Anaxandrides fr. 34, 5: λιπαρὸς περιπατεῖ Δημοκλῆς, ζωμὸς
κατωνόμασται (über Demokles S. 83). Aristophon fr. 3: ἄν τις
ἑστιᾷ, πάρειμι πρῶτος, ὥστ᾽ ἤδη πάλαι . . . ζωμὸς καλοῦμαι.

Κάρχαρος, der scharfgezahnte = Thrason, Parasit des syrakusischen
Tyrannen Hieronymos: Athen. VI p. 251 E.

---

1) Plutarch praec. rei p. g. 3. 13.
2) Plutarch φίλος und κόλαξ p. 53 D.
3 Ebenda p. 52 B.
4 Ebenda p. 55 E. 49 D.
5) Ebenda p. 49 B.
6) Ebenda p. 50 A.
7. Ebenda p. 61 E. Lukian Fischer 34 p. 603: κολακευτικώτεροι δὲ τῶν
πιθήκων. 46 p. 613: heuchlerische Philosophen sollen gebrandmarkt werden mit
dem Stempel des Fuchses oder des Affen.
8 Aristophanes Wespen 45ff. Diogenes bei Athenaeus VI p. 254 C.
9 Vgl. Lukian Timon 45. 159: γυπῶν ἁπάντων βορώτατε.
10 Antiphanes fr. 194, 7: δειπνεῖν ἄκλητος μυῖα. Vgl. 130, 6.

Κεστρεύς, ein Seefisch, der kein Fleisch, auch nicht von Fischen frisst (νηστεύει). So heissen hungrige Parasiten. Schon Aristophanes im Gerytades fr. 156 K. nannte ehrliche Hungerleider ἄνδρας κεστρεῖς. Alexis im Φρύξ fr. 251: ἐγὼ δὲ κεστρεὺς νῆστις οἴκαδ' ἀποτρέχω (vergeblich hat er auf dem Markt eine Einladung erwartet). Diphilos in den Ἄμυναι fr. 52: οὗτοι δεδειπνήκασιν· ὁ δὲ τάλας ἐγὼ | κεστρεὺς ἂν εἴην ἕνεκα νηστείας ἄκρας. Euphron in der Αἰσχρά fr. 2 (IV 489 M.): Μίδας δὲ κεστρεύς ἐστι· νῆστις περιπατεῖ. Anaxandrides im Ὀδυσσεύς fr. 34, 8 (III 177 M.): τὰ πόλλ' ἄδειπνος περιπατεῖ, κεστρίνός ἐστι νῆστις. Eubulos in der Nausikaa fr. 68 (III 238 M.): ὃς νῦν τετάρτην ἡμέραν βαπτίζεται, | νῆστιν πονηροῦ κεστρέως τρίβων βίον. Bei Amcipsias in den Ἀποκοτταβίζοντες fr. 1 (II 701 M.) ein Gespräch zwischen einem Parasiten und dessen ungastlichem Gönner. »Ich will auf den Markt gehen«, sagt der erstere unmuthig, da er die Hoffnung aufgegeben hat bei diesem zu speisen, »und will sehen, ob ich Arbeit (d. h. eine Einladung) kriege«. Darauf der andere: »recht gut, dann bin ich dich los«. ἧττον γὰρ οὖν | νῆστις καθάπερ κεστρεὺς ἀκολουθήσεις ἐμοί. Vgl. Athenaeus VII c. 77—79. Zenobius IV 52. Diogenianus V 53. Hesychius s. v. κεστρεῖς. Vgl. oben S. 23. 25.

Κόρμος (κορμός Stumpf, Rumpf): Timokles fr. 9. Vielleicht nur ein λωποδύτης.

Κόρυδος, Lerche = Eukrates (vom Lachen und seiner hellen Stimme?). Athenaeus VI c. 39 ff. 47. Kratinos inn. fr. 8. Alexis fr. 45. 166. 178. 222. Timokles fr. 9, 11. Euphron fr. 8.

Κρίβανος ἄρτων, Backofen: Ephippos fr. 1?

Κυρηβίων, Kleie = Epikrates, Schwager des Redners Aeschines: Demosthenes de f. l. 287 Harpokration s. vv. Ἐπικράτης und Κυρηβίων. Athenaeus VI p. 242 D. Alexis fr. 166.

Κωβίων, Gründling: Alexis fr. 166 (vgl. 97).

Λαγύνιων, Fläschner = Demokles: Athenaeus XIII c. 48.

Λέμβος. Anaxandrides fr. 34, 7: ὄπισθεν ἀκολουθεῖ κόλαξ τῳ, λέμβος ἐπικέκληται.

Miccotrogus = Gelasimus im Stichus des Plautus 242: 'nunc Miccotrogus nomine e vero vocor'.

Peniculus in Plautus' Menaechmi 77: 'iuventus nomen fecit Peni-
culo mihi Ideo quia mensam, quando edo, detergeo'.
Πτερνοκοπίς, Schinkenschlächter = Philoxenos Athen. VI c. 40.
48 Axionikos fr. 6. Menandros fr. 269. Vgl. Πτερνογλύφος,
Πτερνοτρώκτης Batrachom. 222. 29.
Scortum = Ergasilus in Plautus' Captivi 69: 'iuventus nomen indidit
Scorto mihi Eo quia invocatus soleo esse in convivio'.
Σεμίδαλις, Weizenmehl: Alexis fr. 166. 97.
Σεῦτλον, Mangold = Eukleides: Athen. VI p. 250 E. Die Form
σεῦτλον für das attische τεῦτλον klang dem Athener affectirt
(Meineke com. Gr. III 448).
Σκηπτός, Gewitter: Antiphanes fr. 194, 10 f.
Σκόμβρος, Makrele: Alexis fr. 166 (vgl. fr. 76. Timokles fr. 14).

Hier reihen sich die Parasitennamen der Dichtung an:[1])
Ἀκρατολύμας A III 53 (vgl. Athenaeus VI p. 251 E über Thrason).
Ἀλοκύμινος A III 58.
Ἀμάσητος A III 59 (Ἄμαστος Meineke: vgl. Suidas ἄμαστος· ὁ
  ἀμάσητος).
Ἀριστοκόραξ A III 68.
Ἀριστόμαχος A III 49.
Ἀρτεπίθυμος A III 6. Vgl. Ἀρτεπίβουλος Batrachom. 258. Ἀρτο-
  φάγος Batrachom. 211.
Ἀρτοπύκτης A III 50.
Artotrogus: Plautus' miles glor. Vgl. Τρωξάρτης Batrachom. 28.
  105. 110. 247.
Αὐτόκλητος A III 55.
Βορβορόζωμος A III 74.
Βουκίων A III 43, verwandt mit βουκκίζειν == ieientare? (anders
  Meineke zu A III 60, der diesen und andere Namen von βύκος,
  einer Weinsorte bei Alexandria, herleitet. Mit bucca stellt Knorr
  den Namen zusammen).
Βουκοπνίκτης A III 50.
Γάστρων in gleichnamiger Komödie des Antiphanes.
Gelasimus im Stichus des Plautus.

---

[1] Die Namen des Alkiphron stellte von A—E zusammen Knorr in d. Progr.
S. 12 ff. Ich bezeichne mit A die Briefe des Alkiphron.

Γέμελλος A 1 22, vielmehr wohl ein ἄγροικος: vgl. 1 27 f.

Γνάθων A III 34. 44, im Eunuchus des Terenz. Vgl. Longos IV 10 f. Hesychios.

Γναθωνίδης Lukian Timon 45, 159; Fugitivi 19, 375.

Γρύνθων (= ἀναφύσησις: Hesych.) A III 52 (γόρθων Ven. γρίθων Par. Ven. mg. Γενθίων Hercher).

Γρυλλίων A III 10, 2. 44, 1. Axionikos fr. 2, vgl. Athen. VI p. 244 F. 245 A. XIII 591 D (s. die Liste der historischen Parasiten S. 81).

Curculio des Plautus.

†Γυμνοχαίρων A III 66 (Δειπνοχαίρων oder Γαμοχαίρων Herel. Ἀμνοχαίρων verm. früher Hercher. Γαροχαίρων Knorr. Γυροχάρων? Dass die zweite Hälfte -χάρων lautete, bemerkt Hercher).

Διψαναπαυσίλυπος A III 67.

Ἐκτοδιώκτης (= τὴν ἕκτην διώκων: vgl. III 4, A III 5. (Ἐτνοδιώκτης Seiler).

Ergasilus in den Captivi des Plautus (vgl. ἔργον λαβεῖν). Nach König de nom. propr. 19 f. = Scortum (vgl. Artemidorus I 78).

Ἐρεβινθολέων, Erbsenwürger A 1 23: Hercher Philol. IX 42. (Ἐρεβινθολέπων Meineke).

Ἑτοιμάριστος A III 55.

Ἑτοιμόκοσσος, Dachtelmeier A III 7.

Εὔβουλος A 1 22 (ob Parasit?)

Εὔχνισος A III 52.

Ἐφαλλοκύθρης A III 64 (κύθρη ionisch = χύτρα).

Ζητηόφαντος Lukian Todtengespr. 7.

Ζωμεκπνέων A III 7.

Ἡδύδειπνος A III 68.

†Θαμβοφάγος A III 56 (Θυμβροφάγος Bergler. Ἰαμβοφάγος Meineke. Θαμβόφαγρος Hercher: φάγρος ein gefrässiger Fisch).

Θήρων bei Menandros fr. 854.

Θρασοκύδοιμος A III 70, wohl eher ein Krieger?

Ἰσχνόλιμος A 1 21.

Καπνοσφράντης A III 49: vgl. Eustathius p. 1718,60 (com. anon. fr. 119).

Καπυροσφράντης? A III 62 (Καπνοσφράντης Reiske. Καπροσφράντης Seiler).

Κεφαλοκλύπτης A III 48 nach Seiler. Κεφελοκλύπτης Ven. Ἐφελοκλύπτης die übrigen Hdschr. Vgl. Anm. 2 zu S. 58).

Κνισόζωμος Λ III 6.

Κοσσοτράπεζος Λ III 69 (Κνωσσοτράπεζος Hercher. Γλωσσοτράπεζος Knorr.)

Κοτυλοβρόχθισος Λ III 8.

Κρεολώβης Λ III 51.

Κύναιθος Λ III 43 s. unten S. 87).

Κυπελλιστής Λ III 56.

Κωνωποσφράντης Λ I 21 Καπνοσφράντης?)

Κωπαδίων (Liebhaber von Aalen aus dem Kopaissee) Λ III 52 (nach Hercher Herm. 1 280: Κοπαδίων die Handschr. Λοπαδίων Schäfer).

Λαιμοκύκλωψ Λ III 51 (s. unten Κύκλωπες).

Λαχανοθαύμασος Λ III 47.

Λειχοπίναξ Λ III 44 (vgl. Λειχοπίναξ Batrachom. 100. 227. Λειχομύλη Batrachom. 29. Λειχήνωρ 202).

Λιμέντερος Λ III 59.

Λιμοπύκτης Λ III 70 (nach Meineke; Λιμοπόστης die Handschr. Λιμογεύστης Seiler).

Λοπαδέκθαμβος Λ III 4 (nach Reinesius, λοπαδεχθάμβω die Handschr.).

Μανδαλοκολάπτης? Riegelfeiler, Thureinbrecher? Λ III 5 (Μανδολοκολάπτη H Μανδυλικολάπτη Ven. Μανδιλοκολάπτη die übrigen Hdschr. Μανδιλοκλέπτη Reiske Κανδυλοκολάπτη Seiler Μαγδαλιοκόπτη Hercher).

Ματτυαφάνισος Λ III 48 (nach Hercher Herm. 1 280: ματταφανίσσω H Μαπαφανίσω Ven. Μαππαφασίω die übrigen Hdschr. Μαππαφανίσω Seiler).

Μεριδᾶς Λ III 61 (s. Meineke) = τῶν ἀρίστων ἀποφερόμενος μερίδας? vgl. 56, 1. Μεριδάρπαξ Batrachom. 257. 270).

Μονόγναθος Λ fr. 1 (Μονογνάθω Hercher. Μονογναθίω die Hdschr. Meineke nimmt den Nom. Μονογνάθιον an).

Multivorus: lex convivalis.

Οἰνόλαλος Λ III 57 (Οἰνόλαος Ven.).

Οἰνοπνίκτης Λ III 8 (nach Ven. Οἰνοπήκτης die übrigen Handschr. Οἰνοπίπτης Seiler).

Οἰνοχάρων Λ III 72 (mit Hercher, Οἰνοχαίρων die Handschr.)

Παυλάχανος Λ fr. 1 (vgl. Hesychius Παλλάχανον).

Παταιχίων Α III 10, 2. 42, 1. Über die Phönikischen Zwergidole. Πατаϊκοί, Herodot III 37. Vgl. com. anon. fr. 443.

Πατελλοχάρων Α III 54 (Πατελλοχάροντι die Hdschr. Πατελλοχάρωνι Hercher).

Πηξάγχων Α III 65 (nach Hercher. Πηξάγχωμος Par., Πηξάγωνος Ven., von Meineke vertheidigt. Πηξάγχχνος die übrigen Hdschr.).

Πιναχοσπόγγιος Α III 63 (Πιναχοσπόγγιον Meineke p. 164. Πιναχοσπογγίω Hercher. Vgl. Peniculus S. 72).

Πλαχουντομύων Α III 67. Ein solcher ist I 22 geschildert.

Πλατύλαιμος Α I 23.

Ποτηριοφλύαρος Α III 57 (nach Bergler. Ποτηροφλυάρω die Hdschr.). Properocius: lex convivalis.

Ῥαγοστράγγισος, Beerenpresser, Α III 42.

Ῥαφανοχόρτασος Α III 72.

Ῥινόμαχος Α III 65 (vgl. Menandros fr. 854: ἐγωγ' ἐπίσταμαι ῥινᾶν. Ῥιγομάχω Meineke. Ῥυτομάχω Hercher).

Σαρδανάπαλλος Α III 52, 1.

Saturio im Persa des Plautus.

Σχορδολέπισος Α III 62 (s. Meineke. Σχοδρολέπισος Ven. Σχοροδολέπισος Hercher).

Στεμφυλοδαίμων Α III 42 (Σταφυλοδαίμονι Vat.).

Στεμφυλοχάρων Α III 46 (mit Hercher. Στεμφυλοχαίρων die Hdschr.).

Στράτιος Alexis im Πόραυνος fr. 196.

Στρουθίας Menandros fr. 285. Vgl. Lukian Fugitivi 19, 375.

Στρουθίων Α III 43 (Στρουθίας Ven.) I 9.

Τήλεφος: Alexis Παράσιτος.

Τουρδοσύναγος Α III 64 (Τουρδοχύναγος verm. Meineke. Τουρδοσυμφάγος Seiler).

Τραπεζολείχτης Α III 45 (nach Ven. und Θ. Τραπεζολείχων die übrigen Hdschr.)

Τραπεζοχάρων Α III 46.

Τρεχέδειπνος Α III 4.

Τριχλινοσάξ, pulvinar farciens, Α III 69 (nach Ven. Τριχλινοσάραξ die übrigen Hdschr.).

Ὑλνοσφράντης, Trüffelriecher, Α III 61 (nach Hercher. ὑδροσφράντης die Hdschr. ausser Ven., der Σχορδοσφράντης hat). Als seinen eigentlichen Namen giebt er Πολύβιος an.

'Υπνοτράπεζος A III 60 'Ιπνοτράπεζος Seiler).

Φαττοδάρδαπτος A III 66 (nach Hercher. Φαγοδαρδάρτῳ Ven. Φαγοδαίτῃ die übrigen Hdschr. Φαγοδαρδάπτῳ Meineke).

Φιλάπορος A III 71 (s. Meineke).

Φιλιάδης: Lukian Timon 47 f.

Φιλογαρελάδιος A III 58 (Φιλογαρελάδιον Meineke p. 164).

Φιλομάγειρος A III 63.

Phormio des Terenz (Donat praef. p. 14. 4 ff. R.: "quamobrem nulla dubitatio est hanc solam esse, cui nomen poeta mutaverit, et errare eos, qui in hac Phormionem parasitum putant a formula litis quam intenderit nominatum, cum Graeca lingua fiscus sparteus et stramen nauticum sic dicatur: a cuius rei vel capacitate vel vilitate etiam ab Apollodoro parasitus Phormionis nomine nuncupatur").

Φριγοχοίλης, Schmerbauch? A III 74 (Φρυγοχοίλης Ven. Φριγοχοίλης und Φριγοχείλης andere Hdschr. Φριχοχοίλης Bast. Φριχοχοίτης oder 'Ριγοχοίτης verm. Meineke).

Χασχοβούχης A III 60 (Βοσχοχάσχης verm. Seiler und Meineke).

Χυτρολείχτης A III 54. Vgl. 'Εμβασίχυτρος Batrachom. 137. 224.

Χωνοχράτης, Tiegelbeherrscher, A III 53 (nach Seiler. Χωνοχράτω und Χονοχράτω die Hdschr.).

Ψιχοδιαλέχτης, Krümelnascher, A III 45 (Ψιχοδιαλείχτης Seiler). Derselbe wird angeredet Ψιχίων. Vgl. Ψιχάρπαξ Batrachom. 24. 106. 141. 231.

Ψιχοχλαύστης, Krümelbeweiner. A III 43 (Ψυχοχλαύστης Ven.).

Ψιχόμαχος A III 71.

'Ωρολόγιος, der nach der Uhr sieht, A III 47.

VI.

An diese Namenliste, welche den Parasiten hauptsächlich als gierigen Tischgast charakterisirt, fügen wir zunächst einige Bilder hervorragender historischer Persönlichkeiten dieser Gattung, welche in der Komödie vorkommen.

Vor allen ist zu nennen Χαιρεφῶν[1]). Er hat die Kunst erfunden sich τὰ δεῖπν' ἀσύμβολα zu verschaffen. Er geht früh auf den Topfmarkt, wo Kochtöpfe an Köche vermiethet werden. Sieht er,

---

1) Athenaeus IV 58 p. 164 F. VI 42 p. 243 ff.

dass ein Koch einen solchen für einen Schmaus miethet, so fragt er
ihn nach dem Namen des Gastgebers, und sobald er bemerkt, dass
sich die Thür desselben öffnet, so tritt er allen voran hinein[1]). Ein
feineres Stratagem war folgendes. Am 24. Gamelion war der ἱερὸς
γάμος des Zeus und der Hera, ein Fest, welches zugleich mit den
Gamelien der Phratrien durch Privatschmäuse, zu denen man die Genossen der Phratrie einlud, begangen wurde. Um sich für eine solche
Einladung frei zu halten, erklärte Chairephon, er werde den ἱερὸς
γάμος am 22. bei sich zu Hause feiern, einem Unglückstage, an dem
voraussichtlich kein Gast zu erwarten war[2]). Man musste immer
darauf gefasst sein, ihn neben den eingeladenen Gästen als παράβυστος
auftauchen zu sehen[3]). »Ich lade Ares und Nike ein bei meinem
Abzuge«, sagt ein ins Feld rückender Krieger; »ich lade auch den
Chairephon, denn wenn ich ihn auch nicht lade, so wird er doch
ἄκλητος kommen«[4]). Bei einem Hochzeitsschmause liegt er einst
wieder ungeladen zu unterst am Tisch. Da kommen die γυναικονόμοι,
welche nach einem Gesetz des Demetrios Phalereus zu inspiciren
haben, ob die Anzahl der Theilnehmer auch nicht das gesetzliche
Maass (30) überschreite. Es ergiebt sich, dass Chairephon überzählig
ist, und er wird fortgewiesen. Er aber sagt zu den Beamten: zählt
doch noch einmal, fangt aber bei mir an[5]). Wie zu Hause war er

1) Alexis fr. 252.
2) Menander fr. 309 :

ἐμὲ γὰρ διέτρεψεν ὁ
κομψότατος ἀνδρῶν Χαιρεφῶν, ἱερὸν γάμον
φάσκων ποιήσειν δευτέρᾳ μετ' εἰκάδα
καθ' αὑτὸν, ἵνα τῇ τετράδι δειπνῇ παρ' ἑτέροις·
τὰ τῆς θεοῦ γὰρ πανταχῶς ἔχειν καλῶς.

3) Timotheos fr. 2 p. 798 M.
4) Apollodoros v. Karystos fr. 25. Vgl. das Apophthegma der Gnathaina bei
Athenaeus XIII p. 584 E = Wiener Apophthegmensammlung n. 188 (Wachsmuth
Heidelberger Festschrift zur Begrüssung der 36. Philol. Vers. 1882 S. 32). Es
ist ein Zug des ὑπερηφάνος, beim Gastmahl zu spät zu kommen: Chairephon
οὐδὲ καλούμενος ἔρχεται, sondern ἄκλητος.
5) Athenaeus VI p. 245 A. Das von Philochoros im 7. Buch seiner Atthis
ebenda p. 245 e erwähnte Gesetz war neu, als Timokles seinen Φιλοδικαστής
aufführte (fr. 32), wo ein ἄσωτος spricht. Im Rückblick auf jene Zeit, wo die
neue Verordnung manchen Conflict zwischen den Betheiligten hervorrufen mochte,
erzählte einer im Καχρύφαλος des Menander (fr. 265) eine Anekdote, vielleicht von
Chairephon, der ja in diesem Stück erwähnt war (fr. 270). Durch diese Auf-

als ständiger παραμασήτης bei dem Verschwender Demotion[1]. Einst war er wirklich zu einem Schmause geladen. In der Nacht wacht er auf, sieht den Schatten des Mondes, glaubt, es sei die untergehende Sonne, stürzt fort in Angst zu spät zu kommen, und ist bei Tagesanbruch zur Stelle[2]. Selbst über das Meer nach Korinth ist er ungeladen zu Gast gegangen, so viel Freude machte es ihm, an fremdem Tisch zu essen[3]. In einer Komödie des Nikostratos kam er selbst unter den Personen als Zechgenosse vor[4]. Mit einer hungrigen Seemöve (wie einst Aristophanes den Kleon) verglich ihn der Parode Matron[5] in seiner Schilderung des Schmauses, welchen der Redner Xenokles[6] in Athen gegeben hatte. Er liess denselben wie den Feldherrn auf dem Schlachtfelde die Reihen seiner Gäste durchschreiten:

στῆ δ' ἄρ' ἐπ' οὐδὸν ἰών, σχεδόθεν δέ οἱ ἦν παράσιτος
Χαιρεφόων, πεινῶντι λάρῳ ὄρνιθι[7] ἐοικώς·
νῆστις, ἀλλοτρίων εὖ εἰδὼς δειπνοσυνάων.
τῷ δὲ μάγειροι μὲν φόρεον πλῆσάν τε τραπέζας,
οἷς ἐπιτέτραπται μέγας οὐρανὸς ὀπτανιάων,
ἡμὶν ἐπισπεῦσαι δείπνου χρόνον ἦδ' ἀναμεῖναι.

---

fassung, die auch durch den Ausdruck κατὰ νόμον καινόν τινα bestätigt wird, sind die von Meineke anal. crit. (Athen. vol. IV p. 107) geäusserten Bedenken gehoben. Zu Menanders Zeit scheint das Gesetz schon nicht mehr gegolten zu haben. Vgl. Boeckh Ges. kl. Schr. V 123 f.

1) Timokles fr. 10.

2) Menander fr. 353. Aehnliches von Philokrates erzählt bei Eubulos fr. 118 : s. oben S. 35.

3) Alexis fr. 206. Vgl. Alkiphron III 51. 60. Dass er auch μεμάθηκε κωμάζειν ἄδειπνος, ohne Fackel und Kränze, wird bei Antiphanes fr. 199 berührt.

4) Im Τοκιστής (fr. 25), einem Stück, das in Agypten spielte (Athen. XV p. 685 E). Ein ägyptischer Banquier spricht von verführerischen Vorbereitungen zu einem συμπόσιον, worauf ein Genosse zu Chairephon: εἴεν· καλὸς ὁ καιρός. Χαιρεφῶν. Es war also, wie es scheint, angenommen, dass derselbe auch Agypten, vielleicht Alexandria, besucht hatte; es wäre denkbar, dass Machon, der in Alexandria lebte und seine Komödien aufführte, ihn dort kennen gelernt und aus seiner Bekanntschaft Stoff für seine Anekdoten gewonnen hätte. Bei Menander war Chairephon noch erwähnt im Ἀνδρόγυνος (fr. 53) und im Κεκρύφαλος (fr. 270).

5) Athenaeus IV 13 p. 134 D : vgl. Meineke anal. crit.

6 Vgl. schol. Aristoph. Frösche 86, Meineke hist. crit. 516 adn.

7) Vgl. Aristoph. Ritter 956 : λάρος κεχηνὼς ἐπὶ πέτρας δημηγορῶν. Wolken 591 : Κλέωνα τὸν λάρον. Derselbe Vogel als βουφάγος wird dem Herakles, dem Patron der ἀσφάγοι und Parasiten, zugetheilt in den Vögeln 567 (s. dazu Kock), Athen. X p. 411 C.

Und weiter unten, in der Hitze des Gefechtes, p. 136 e V. 106:

Χαιρεφῶων δ' ἐνόησεν ἅμα πρόσσω καὶ ὀπίσσω
ὄρνιθας γνῶναι καὶ ἐναίσιμα σιτίζεσθαι . . .
ἦσθιε δ' ὥστε λέων, παλάμῃ δ' ἔχε τὸ σκέλος αὐτοῦ,
ὄφρα οἱ οἴκαδ' ἰόντι πάλιν ποτιδόρπιον εἴη.

Er selbst hat ein Δεῖπνον geschrieben und seinem Berufsgenossen Kyrebiou gewidmet, ein Büchlein von 375 Zeilen, welches von Kallimachos mit den Anfangsworten in seinen Katalog eingetragen war[1]).

Anekdoten über Chairephon hat in iambischen Trimetern der Komiker Machon, ein Zeitgenosse des Apollodoros von Karystos, in seinen Χρεῖαι erzählt[2]). Damals wird der vielgenannte, dessen Laufbahn seit den Zeiten des Alexis und Antiphanes sich verfolgen liess, nicht mehr am Leben gewesen sein. So ist wohl auch die Ἱέρεια des Apollodoros (fr. 23) erst nach dem Tode des Parasiten aufgeführt, da in diesem Stück das Auftreten eines »neuen Chairephon« gefeiert wird, der in der Erfindsamkeit, zu einem Hochzeitsmahl zu gelangen, ein würdiger Nachfolger des grossen Meisters gewesen ist. Er hat einen Korb genommen, einen Kranz aufgesetzt und sich in dunkler Abendstunde als einen Abgesandten der Braut ausgegeben, der die Vögel (welche zu den symbolischen Hochzeitsgaben gehört haben mögen) bringe. So ist er hineingekommen und hat mitgeschmaust.

Tithymallos[3]), der bei Alexis[4]) mehrfach vorkam, war ein armer Schlucker, freilich zu den Unsterblichen gerechnet, weil der Tod den Armen aus dem Wege gehe[5]), ein Typus des Hun-

---

1) Athenaeus VI p. 244 A.
2 Athenaeus VI p. 244 F. Apophthegmen des Parasiten Korydos über Chairephon ebenda p. 245 F.
3' Athenaeus VI 34 p. 240 C.
4' Μαληεία (fr. 148), Ὀδυσσεὺς ὑφαίνων (fr. 153), Ὀλυνθία (fr. 156.
5' Ὀλυνθία fr. 156: ὁ δὲ πρὸς πέντης ἐστ', ὦ γλυκεῖα. τοῦτο δὲ λέγουσ' ὁ θάνατος τὸ γένος, ὥς φασιν, μόνον. Ὁ γοῦν Τιθύμαλλος ἀθάνατος περιέρχεται. Ein Liebhaber scheint zu der Tochter des armen Mannes zu sprechen, über dessen Familie und Lebensweise die bejahrte Gattin in den Anapästen fr. 155 Auskunft giebt. Antiphanes im Τύρρηνός fr. 210:

ἀρετὴ τὸ προῖκα τοῖς φίλοις ὑπηρετεῖν.
Β. λέγεις ἔσεσθαι τὸν Τιθύμαλλον πλούσιον·
εἰσπράξεται γὰρ μισθὸν ἐκ τοῦ σοῦ λόγου
παρ' οἷς ἐδείπνει προῖκα σύλλεξιν συχνήν.

gers [1]), des gewaltigen Appetits [2]), des classischen Parasiten [3]). Seine rothe Gesichtsfarbe wird der Scham darüber zugeschrieben, dass er beständig ἀσύμβολος bei Tisch sitze [4]).

Philoxenos [5]), mit dem Spitznamen Πτερνοκοπίς, geschätzt und geliebt wegen seines anmuthigen Witzes [6]), der älteren Generation angehörig [7]).

Eukleides, Sohn des Smikrinos [8]), genannt Σεῦτλον [9]), weniger beliebt als Philoxenos. Seine Witze galten für unartig und frostig [10]).

Eukrates [11]), mit dem Spitznamen Korydos, in der Zeit des Alexis [12]) einer der witzigsten Parasiten, dessen Memoiren Lynkeus

---

1) Bei Aristophon fr. 9 wird ein Ποθαγοριστής charakterisirt:

πρὸς μὲν τὸ πεινῆν, ἐσθίειν δὲ μηδὲ ἕν
νόμιζ᾽ ὁρᾶν Τιθύμαλλον ἢ Φιλιππίδην.

Vgl. Timokles Καύνιοι fr. 18.

2) Timokles Ἐπιστολαί fr. 9: Τιθύμαλλος οὐδεπώποτ᾽ ἠράσθη φαγεῖν | οὕτω σφόδρα.

3) Timokles Κένταυρος fr. 19: Τιθύμαλλον αὐτὸν καὶ παράσιτον ἀποκαλῶν.

4) Dromon Ψάλτρια fr. 1:

ὑπεργεγονόμην
μέλλων ἀσύμβολος πάλιν δειπνεῖν· πάνυ
αἰσχρὸν γάρ. Β. ἀμέλει· τὸν Τιθύμαλλον γοῦν ἀεὶ
ἐρυθρότερον κόκκου περιπατεῖν ἐσθ᾽ ὁρᾶν·
οὕτως ἐρυθριᾷ συμβολὰς οὐ κατατιθείς.

5) Athenaeus VI 40 p. 244 E.

6) Lynkeus der Samier (über den s. Meineke Menandri et Philemonis rel. p. XXXIII im zweiten Buch περὶ Μενάνδρου bei Athen. VI p. 242 C charakterisirt ihn. Proben davon nach Lynkeus ebenda 48 p. 246 A.

7) Axionikos im Χαλκιδικός fr. 6. Ein Parasit spricht von seiner Jugend:

ὅτε τοῦ παρασιτεῖν πρῶτον ἠράσθην μετὰ
Φιλοξένου τῆς Πτερνοκοπίδος νέος ἔτ᾽ ὢν κτλ.

Menander hatte ihn im Κεκρύφαλος erwähnt (fr. 269), auch Machon Athen. VI p. 244 F.).

8) Athenaeus VI p. 242 B.

9) Athenaeus VI p. 250 E. S. oben S. 72.

10) Lynkeus der Samier hat ihn im zweiten Buch περὶ Μενάνδρου mit Philoxenos verglichen: Athen. VI p. 242 B. Hegesandros in seinen ὑπομνήματα theilte Witze von ihm mit: daraus Athen. VIII p. 250 E.

11) Athenaeus VI 39, vgl. oben S. 71.

12) Ποιχίαί fr. 178: πάνυ τι βούλομαι | οὕτω γελᾶσθαι καὶ γελοῖ᾽ ἀεὶ λέγειν | μετὰ τὸν Κόρυδον μάλιστ᾽ Ἀθηναίων πολύ. Τιτθή fr. 222: ὁ Κόρυδος οὗτος, ὁ τὰ γελοῖ᾽ εἰθισμένος | λέγειν Βλεπαῖος βούλετ᾽ εἶναι κτλ. Βlepaios wahrscheinlich ein reicher δύσκολος).

von Samos geschrieben hat[1]). Er gehörte nicht zu denen, die auch ungeladen sich an fremdem Tisch einen Platz zu erobern wussten[2]). Desto grössere Verheerungen richtete er an, wenn er einmal Posto gefasst hatte. Der jüngere Kratinos in den Γίγαντε; stellt ihn in Orakelversen selbst als einen furchtbaren Giganten dar mit eherner, unermüdlicher Faust, der verzehrender als das Feuer keinem Tischgenossen etwas übrig liess[3]). Auch an der Tafel des Ptolemaios hat er gespeist, ist aber nicht satt geworden[4].

In die Zeit des Alexis fällt ferner Moschion, genannt ὁ παραμασήτη;[5]). Zu den κεστρεῖς gehörte Midas[6]). Dagegen ist Archephon von Athen nach Ägypten gereist, wo er an der Tafel des Königs Ptolemaios gespeist hat[7]). Auch Dromeas hat sich in der Welt umgesehen, so dass er über die δεῖπνα in Chalkis und deren Verhältniss zu den athenischen auf Befragen ein sachverständiges Gutachten abgeben konnte[8]. Areopagit und wohlbestallter Parasit des Satrapen von Lydien, Menandros, und der Hetäre Phryne war Gryllion[9]). Er war nicht mehr unter den Lebenden, als Axionikos

1) Athen. p. 241 D: ἀναγράφει δ' αὐτοῦ τὰ ἀπομνημονεύματα Λογκεὺς ὁ Σάμιος, Εὐκράτην αὐτὸν καλεῖσθαι κυρίως φάσκων. Hierauf eine hübsche Probe seiner Witze; mehr aus derselben Quelle c. 47.

2 Alexis im Δημήτριος fr. 45: ἀλλ' αἰσχύνομαι | τὸν Κόρυδον, εἰ δόξω συναριστᾶν τισιν | οὕτω προχείρως· οὐκ ἀπαρνοῦμαι δ' ὅμως· | οὐδὲ γὰρ ἐκεῖνος;. ἂν καλῇ τις. Korydos auf dem Fischmarkt für den eigenen Tisch einkaufend, da er nirgends geladen ist, bei Timokles im Ἐπιχαιρέκακος fr. 11.

3) Κόρυδον τὸν χαλκοτύπον περύλαξο, | εἰ μή σοι νομιεῖς αὐτὸν μηδὲν καταλείψειν · | μηδ' ὄψον κοινῇ μετὰ τούτου πώποτε δαίσῃ | τοῦ Κόρυδου, προλέγω σοι· ἔχει γὰρ χεῖρα κραταίαν, | χαλκῆν, ἀκάματον, πολὺ κρείττω τοῦ πυρὸς αὐτοῦ. V. 2: wenn du nicht schon darauf gefasst bist, dass er dir nichts übrig lassen wird. Vgl. Timokles fr. 9, 4. Alexis fr. 166, 2. Euphron fr. 8, 6.

4) Lynkeus bei Athen. VI p. 245F. Verse des Machon ebenda p. 242 B.

5) Alexis im Τροφάνιος fr. 232: εἴθ' ὁ Μοσχίων | ὁ παραμασήτης ἐν βροτοῖς αὐξόμενος. Dass dieser identisch gewesen sei mit dem bei Athen. II p. 44 D erwähnten ὑδροπότης, von dem Machon (ebenda VI p. 246 B, einen Witz erzählt hat, ist nicht erweislich. Ebensowenig lässt sich sagen, ob der unter den erwarteten Gästen aufgezählte Moschion bei Straton im Phoinikides V. 13 der unsrige sei.

6) Euphron fr. 2.

7) Anekdote darüber bei Machon: Athen. VI 44. Erwähnt wird er von Kratinos d. j. fr. 14.

8) Hegesandros bei Athen. IV p. 132C.

9 Athenaeus VI p. 244F, XIII p. 591D. Der Samier Lynkeus hat in den Ἀποφθέγματα von ihm erzählt.

seine Komödie Τυρρηνός (fr. 2) schrieb. Nichts Näheres wissen wir
von dem obenerwähnten **Himerios** in Athen[1]. Unbekannt ist auch
der Wirkungskreis des Spartiaten **Hairesippos**, der geschildert wird
als ἄνθρωπος οὐ μετρίως φαῦλος οὐδὲ δοκῶν χρηστὸς εἶναι, πιθανὸν δ᾿
ἔχων ἐν κολακείᾳ λόγον, καὶ θεραπεῦσαι τοὺς εὐπόρους μέχρι
τῆς τύχης δεινός[2].

Kein Parasit, sondern ein berühmter τρεχέδειπνος und ὀψοφάγος
war der Staatsmann der demosthenischen Zeit **Kallimedon**, genannt ὁ κάραβος (Krabbe), weil er schielte und die Fische liebte[3].
Seit Alexis und Antiphanes ausserordentlich häufig in der Komödie[4]
erwähnt, ist er ein hervorragendes Mitglied des Sechzigerklubs gewesen, der in dem Heraklesheiligthum des Demos Diomeis seine
lustigen Zusammenkünfte hielt und dessen Witze dem makedonischen
Philipp so viel Vergnügen machten[5]. In diese Reihe der τρεχέδειπνοι[6] gehören: **Philokrates**, der bekannte Zeitgenosse des Demosthenes[7]; **Phoinikides**[8]); **Taureas**[9]); **Chairippos**[10]).

Die grosse Masse höfischer κόλακες[11] vollständig aufzuzählen
kann nicht in unsrer Absicht liegen, zumal da dieser Begriff je nach
der Auffassung des Berichterstatters ein sehr schwankender ist. Neben
Parvenus und niedrigen Subjecten werden gelegentlich selbst hohe
Offiziere und Beamte, Diplomaten und Gelehrte mit diesem Namen
gebrandmarkt, der ursprünglichen Bedeutung desselben nicht unan-
gemessen, wie denn auch die *comites* der *cohors praetoria*, welche
den römischen Statthalter in seine Provinz begleiteten[12]), ebenso wie

---

1) Plutarch über φίλος und κόλαξ p. 60 D. Oben S. 35.

2) Agatharchides von Knidos im 30. B. s. ἱστορίαι (III p. 194 fr. 8 M.) bei
Athen. VI p. 251 F.

3) Athenaeus III c. 57. 64. VIII c. 24.

4 Alexis fr. 112. 140. 166. 188. Eubulos 9. Timokles 27. Theophilos 4.
Euphron 9. Philemon 41.　　　　　　5) Athen. XIV p. 614 D.

6) Aufgezählt von Alexis fr. 166 bei Athen. VI p. 242 D.

7) Athen. VIII p. 343 E. Eubulos fr. 118 erzählt boshaft eine Geschichte
von ihm, die nach Menander ähnlich dem Chairephon passirt war.

8) Antiphanes fr. 48. 189. Euphron 8.

9) Antiphanes fr. 48. 189. Philetairos fr. 3.

10 Menander fr. 480. Phoinikides fr. 3.

11) Maximus Tyrius 20, 7: τυράννῳ οὐδεὶς φίλος, βασιλεῖ δὲ οὐδεὶς κόλαξ.

12) Spöttisch rühmt Catull c. 11 die Hungerleider Furius und Aurelius als
anhängliche *comites* seiner Cohorte.

die romanischen comtes und conti Nachkommen und Spielarten der alten κόλακες sind.

Berüchtigt vor andren sind die sikilischen. Schon der ältere Dionysios hatte seine κόλακες, verkehrte aber mit ihnen auf jovialem Fuss und nahm selbst gelegentliche Neckereien nicht übel[1]). Von den niedrigen Schmeicheleien, zu welchen sich die Umgebung des jüngeren Tyrannen dieses Namens herbeiliess, hat Theophrast in seiner Schrift περὶ κολακείας berichtet[2]). Spöttisch sind die dionysischen Künstler (Διονυσοτεχνῖται), welche an diesem Hof verkehrten, demnächst wohl auch die übrigen φίλοι und ἑταῖροι des Fürsten Διονυσοκόλακες genannt worden[3]).

Ueber einzelne dieser sikilischen κόλακες hat Timaios im 22. Buch seiner ἱστορίαι Mittheilungen gemacht[4]). Bei beiden Tyrannen stand Satyros in Gnaden[5]). Unter dem jüngeren Dionysios waren namhaft Demokles mit dem Beinamen Λαγυνίων[6]), der sogar als Gesandter in Staatsangelegenheiten verwandt wurde[7]); und Cheirisophos, von dem Hegesandros aus Delphi in seinen ὑπομνήματα erzählte[8]).

---

1) Eubulos in der Komödie Διόνυσος, welche das Treiben am Hof des Tyrannen, seinen poetischen Dilettantismus, seine Reliquienjägerei u. s. w. verspottete, fr. 25: ἀλλ' ἔστι τοῖς σεμνοῖς μὲν αὐθαδέστερος, | καὶ τοῖς [τοῖς δ' αὖ Mein.] κόλαξι πᾶσι τοῖς σκώπτουσί τε | ἑαυτὸν εὐόργητος· ἡγεῖται δὲ δὴ | τούτους μόνους ἐλευθέρους, κᾶν δοῦλος ᾖ. Einer dieser κόλακες scheint zu sprechen.

2) Hieraus Athenaeus X p. 435 E VI p. 249 F.

3) Aristoteles rhet. III 2 p. 4405, 23: καὶ ὁ μὲν Διονυσοκόλαξ, αὐτοὶ δ' αὑτοὺς τεχνίτας καλοῦσιν. Diesen Spottnamen übertrug Epikur auf die Schüler Platons bei Laertius Diogenes X 8: τούς τε περὶ Πλάτωνα Διονυσοκόλακας (ἐκάλει) καὶ αὐτὸν Πλάτωνα χρυσοῦν. Hatten doch auch jene syrakusischen Höflinge in der That Interesse für Platonische Philosophie geheuchelt, so lange sie bei dem Tyrannen in Gnaden stand. Der rachsüchtige Parasit bei Alkiphron III 48 stellt den tragischen Schauspieler Likymnios zum Chor der Διονυσοκόλακες. Theopompos (fr. 297 M.) bei Athenaeus VI p. 254 B gab Athen Schuld, dass es voll sei Διονυσοκολάκων καὶ ναυτῶν καὶ λωποδυτῶν κτλ. Mit Unrecht will Meineke anal. crit. zu Athen. X p. 435 E Διονυσιοκόλακες schreiben.

4) Bei Athenaeus VI p. 250.

5) Athen. VI p. 250 D: καὶ Σάτυρον δέ τινα ἀναγράφει ὁ Τίμαιος κόλακα ἀμφοτέρων τῶν Διονυσίων.

6) Athen. XIII 48 nach Lynkeus?. Oben S. 71.

7) Athen. VI p. 250 A.

8) fr. 6 M. bei Athen. VI p. 249 E.

6*

Dem Tyrannen Hieronymos war ergeben Thrason[1]), genannt
ὁ κάρχαρος, ein Säufer, gestürzt durch Sosis[2]).

Am reichlichsten fliessen die Nachrichten über die κόλακες des
makedonischen Hofes und der Diadochen. Besonders hat
Theopomp mit grellen, gehässigen Farben die Rohheit und Zügel-
losigkeit der ἑταῖροι des Philippos, Sohnes des Amyntas, geschildert, als wüster Abenteurer und Glücksritter, die (etwa 800 an der
Zahl) aus allen Orten und Gegenden der Welt zusammengelaufen
seien[3]). So bezeichnet er als κόλακα μέγιστον z. B. auch den Thra-
sydaios, den thessalischen Tetrarchen[4]); ferner den Penesten Agathokles, der bei den Symposien des Königs getanzt und Spass gemacht habe, von diesem aber als Statthalter über die Perrhäber
gesetzt sei[5]). Der eigentliche Hofparasit war Kleisophos, ein
Athener von Geburt, der seine Meisterschaft in der κολακεία gründ-
lich zu verwerthen verstand[6]).

Ἀλεξανδροκόλακες hiessen nach Analogie der Διονυσοκόλακες
die dionysischen τεχνῖται, welche die grosse Hochzeitsfeier des makedonischen Alexandros nach dem Siege über Dareios durch ihre
musikalisch-mimischen Leistungen verherrlichten und dafür königlich
belohnt wurden[7]). Von den übrigen in seiner Umgebung werden
u. A. folgende als κόλακες bezeichnet.

Agesias[8]), sonst unbekannt.

Agis aus Argos, epischer Dichter (ἐποποιός[9]), dem aus Neid

1) Baton von Sinope περὶ τῆς τοῦ Ἱερωνύμου τυραννίδος (Gr. hist. fr. IV
p. 349 M.) bei Athenaeus VI p. 251 E. Vgl. Polybios VII 2. Oben S. 70. Sosis:
Livius XXIV 21. XXV 25.

2) Polybios XV 31, 7.

3) Theopomp im 49. Buch seiner ἱστορίαι (fr. 249 M.) bei Athen. IV 62.
VI 77 (auch p. 260 A und Polybios VIII 11.

4) Bei Athen. VI p. 249 C; vgl. Schäfer Demosth. II 402 f.

5) Theopomp fr. 136 M. bei Athenaeus VI 76.

6) Anekdoten über ihn lieferten Satyros im Leben des Philippos (fr. 3 M.),
Lynkeus in den ἀπομνημονεύματα, und Hegesandros in den ὑπομνήματα (fr. 4 M.)
bei Athenaeus VI 53 F.

7) Chares im 10. Buch seiner ἱστορίαι περὶ Ἀλέξανδρον bei Athenaeus XII
p. 538 F: καὶ ἔκτοτε οἱ πρότερον καλούμενοι διονυσοκόλακες ἀλεξανδροκόλακες
ἐκλήθησαν διὰ τὰς τῶν δώρων ὑπερβολάς, ἐφ' οἷς καὶ ἥσθη ὁ Ἀλέξανδρος.

8) Plutarch φίλος und κόλαξ p. 65 C.

9) Arrian anab. IV 9, 9. Curtius VIII 5, 8.

und Eifersucht wohl einmal ein freimüthiges Wort entschlüpfte, welches er durch schmeichlerische Interpretation wieder gut zu machen wusste[1]).

Agnon von Teos[2]), Befehlshaber[3]), berühmt durch seine goldenen Schuhnägel[4]).

Anaxarchos aus Abdera, der Philosoph[5]), dessen Schmeicheleien denn doch mehr den Charakter ironischer Neckereien eines menschenverachtenden Weltmannes gehabt haben und nicht anders von Alexandros aufgefasst sein werden[6]).

Bagoas, der Eunuch und Buhle Alexanders[7]), der den Satrapen Orsines durch seine Verleumdungen aus Rache stürzte[8]).

Demades, der berüchtigte Demagog, der den Antrag in Athen stellte, Alexander für einen Gott zu erklären[9]).

Demetrios, Sohn des Pythonax, einer der ἑταῖροι, der die Hofetikette, die Beobachtung der προσκύνησις, so streng überwachte[10]).

Dioxippos von Athen, der Pankratiast[11]), der das Blut Alexanders ἰχώρ nannte; Epikrates von Athen, Schwager des Redners Aeschines, mit dem Beinamen Κυρηβίων (S. 71), der vorschlug jährlich statt der 9 Archonten vielmehr 9 Gesandte an den König zu

1) Plutarch φίλος und κόλαξ 18 p. 60 B. Vgl. Lobeck Aglaoph. 1303.

2) Plutarch a. O. p. 65 D.

3 Plinius n. h. XXXIII 3, 14, 50: 'Alexandri Magni praefectum'. Als ἑταῖρος bezeichnet bei Athen. XII p. 539 C.

4) Phylarchos im 23. Buch seiner ἱστορίαι und Agatharchides im 10. περὶ Ἀσίας bei Athen. a. O., Plinius a. O. Silberne Nägel giebt ihm Plutarch Alex. 40.

5) Über ihn Laertius Diogenes IX 10; das übrige Material bei Zeller Philos. der Griechen III 1 S. 138 f.

6 Vgl. die Geschichten bei Athen. VI p. 250 F 'nach Satyros', Plutarch Sympos. IX 1, 2, 5, Aelian var. hist. IX 37. Dass er nach der Ermordung des Kleitos den jammernden König an die Majestät seiner Würde erinnerte und ihm eine Maxime einschärfte, ohne welche Alleinherrscher nicht regieren können, (Arrian Anab. IV 9, 7, Plutarch Alex. 52, Mor. p. 781 A) ist charakteristisch für seine kühle Betrachtungsweise menschlicher Verhältnisse, kein Beweis niedriger κολακεία.

7) Dikaiarchos π. τῆς ἐν Ἰλίῳ θυσίας bei Athen. XIII p. 603 B, Plutarch Alex. 67, über φίλος und κόλαξ p. 65C.

8) Curtius X 1, 1f.

9 Athenaeus VI p. 251 B: vgl. A. Schäfer Demosthenes u. s. Zeit III 19 ff. 290.

10) Arrian IV 12 = Plutarch Alex. 54. Vgl. Plut. φίλος und κόλαξ p. 65C.

11) Aristobulos ὁ Κασανδρεύς bei Athen. VI p. 251 A erzählt, Dioxippos habe,

wählen[1], ; Gergithios von Gergitha auf Kypros, nach dem Klearchos sein Buch über den Ursprung des Wortes κόλαξ benannt hat[2]); Medios aus Larissa, der Trierarch, einer der Vertrautesten[3]), der durch freche Verleumdung Nebenbuhler zu beseitigen wusste[4]); Nikesias, der den Fliegen, die von Alexanders Blut gekostet hatten, grössere Kraft verhiess[5]) und die Gottheit des Herrschers betonte, auch als dieser in Krämpfen lag[6]).

Demetrios Poliorketes war φιλογέλως[7]) und fand an der Gesellschaft seiner κόλακες Gefallen. Bei seinen Symposien sah er gern, wenn die Gäste bei Trinkspenden ihn allein als König bezeichneten, die übrigen Grossen des Reichs zu deren Ärger nach Ämtern und Commando's, die sie bekleideten, z. B. den Ptolemaios nur als Nauarchen, Lysimachos als Schatzmeister, Seleukos als Elephanten-Befehlshaber, Agathokles als Gouverneur der Inseln[?]). In unwürdigster κολακεία ihm gegenüber wetteiferten auf den Antrag ihrer Demagogen Athener und Thebaner, zum Überdruss des Gefeierten selbst: jene, οἱ τῶν κολάκων κόλακες, durch Errichtung von Heiligthümern für seine Hetären, eine Leaina- und eine Lamia-Aphrodite, von Altären und Heroa und Spenden für seine κόλακες, einen Adeimantos, Burichos, Oxythemis, durch Absingung von Päanen auf dieselben, durch jenen Empfang des einziehenden Herrschers, der unter Prosodien und Chören als der einzige wahre Gott begrüsst[8]) und im

wie Alexander einmal verwundet worden und sein Blut geflossen sei, den homerischen Vers citirt: ἰχώρ οἶόσπερ τε ῥέει μακάρεσσι θεοῖσιν. während Anaxarchos nach Laertios Diogenes IX 10, 60, bei gleichem Anlass gesagt haben soll: τουτί μὲν αἷμα καὶ οὐκ ἰχώρ κτλ.

1) Hegesandros bei Athen. VI p. 251 A. Mehr bei A. Schäfer a. O. I 207.

2) Athen. VI p. 255 C.

3) Arrian VII 24: Μήδιον .... τῶν ἑταίρων ἐν τῷ τότε τὸν πιθανώτατον: vgl. 25. 27. Plut. Mor. p. 338 D. 172 D. Leben Alex. 75 f.

4) Plutarch φίλος und κόλαξ 24 p. 65 C: ἦν δ᾽ ὁ Μήδιος τοῦ περὶ τὸν Ἀλέξανδρον χοροῦ τῶν κολάκων οἷον ἔξαρχος καὶ σοφιστὴς κορυφαῖος ἐπὶ τοὺς ἀρίστους συντεταγμένος u. s. w. Sein Apophthegma s. oben S. 61.

5 Hegesandros (fr. 6 M.) bei Athenaeus VI p. 249 E.

6' Phylarchos im 6. Buch seiner ἱστορίαι (fr. 8 M.) bei Athen. VI p. 251 C.

7, Phylarchos im 10 Buch seiner ἱστορίαι (fr. 20: vgl. 6) bei Athenaeus VI p. 261 B.

8) Phylarchos im 11. Buch (fr. 29 M. bei Athenaeus a. O. Plutarch Demetr. 25. rei publ. ger. praecepta 31, 11.

9, Demochares im 20. Buch seiner ἱστορίαι (fr. 3 M.) bei Athenaeus VI 62.

Liede[1]) gefeiert wurde: die Thebaner durch Erhebung seiner Hetäre Lamia zur Aphrodite[2]). Im Einzelnen werden als κόλακες des Demetrios folgende bezeichnet.

Adeimantos aus Lampsakos. Auf seinen Betrieb wurde im Demos Thria der trefflichen Gemahlin des Demetrios, der Phila, als Aphrodite Tempel und Bildsäule errichtet und der Ort nach ihr Φιλαῖον genannt[3]).

Aristodemos von Milet, General des Demetrios und geschickter Unterhändler, Siegesbote von ihm an den Vater Antigonos nach der Schlacht bei Salamis Ol. 118, 2, dessen Bemühung, seiner Meldung durch Spannung der Gemüther eine desto grössere Wirkung zu sichern, Manchen an die Kunstgriffe eines Parasiten oder Sclaven in der Komödie erinnert haben mag[4]).

Burichos, Geschwadercommandant[5]).

Dromokleides der Sphettier, athenischer Redner, beantragt in der Volksversammlung Huldigungen für Demetrios, den Σωτήρ[6]).

Euagoras, der bucklige (ὁ κυρτός)[7]).

Kynaithos und sein κολάκευμα ist oben erwähnt worden[8]).

Oxythemis, Sohn des Hippostratos, von den Athenern mit dem Bürgerrecht beschenkt[9]).

<hr/>

1) Mitgetheilt von Duris im 22. Buch seiner ἱστορίαι (fr. 30 M.) bei Athenaeus VI 63.

2 Polemon π. τῆς ποικίλης στοᾶς τῆς ἐν Σικυῶνι bei Athen VI p. 253 B. Vgl. Droysen Hellenismus II 2, 119 ff.

3 Dionysios, Sohn des Tryphon im 10. Buch s. Werks περὶ ὀνομάτων bei Athenaeus VI p. 255 C (vgl. 62 p. 253 A). Vgl. Bursian Geogr. v. Griechenland I 327 A. 2.

4) Plutarch Demetr. 17, der den Aristodemos nennt πρωτεύοντα κολακείᾳ τῶν αὐλικῶν ἁπάντων καὶ τότε παρεσκευασμένον, ὡς ἔοικε, τῶν κολακευμάτων τὸ μέγιστον ἐπενεγκεῖν τοῖς πράγμασιν. Vgl. Diodor XVIII 17. XIX 57. 60. 66. Droysen Hellenismus II 2, 135 ff.

5 Diodor XX 52. Demochares bei Athen. VI p. 253 A.

6) Plutarch Demetr. 13. 34. Droysen a. O. II 2, 121. 155.

7) Aristodemos im zweiten Buch seiner γελοῖα ἀπομνημονεύματα bei Athenaeus VI p. 244 f.; vgl. Müller hist. Gr. fr. III p. 310 (fr. 10).

8) S. 45. 71. Lukian ὑπὲρ εἰκόνων 20, 501. Vgl. oben Alkiphron III 43.

9) CIA II n. 243. Vgl. Phylarchos im 6. (10.?) Buch seiner ἱστορίαι bei Athenaeus XIV p. 614 F. Demochares bei Athen. VI p. 253 A Herakleides ὁ λέμβος im 36. B. seiner ἱστορίαι (fr. 4 M.) bei Athen. XIII p. 578 A. Diodor XXI 27 f.

Unter allen athenischen Staatsmännern zeigte sich gegen Demetrios am servilsten Stratokles, der Kleon seiner Zeit, dessen
schmeichlerische Psephismen Plutarch verzeichnet[1]). Mit Recht hat
ihn der Komiker Philippides als den bösen Genius Athens gebrandmarkt[2]).

Kallikrates, κόλαξ des dritten[3] Ptolemaios (Euergetes), Nau-
arch des zweiten (Philadelphos), welcher der Arsinoe als der Aphrodite Zephyritis einen Tempel auf dem Vorgebirge Zephyrion weihte[4]),
schwerlich derselbe, durch welchen (310 v. Chr.) der erste (Soter)
den Fürsten Nikokles von Paphos stürzte[5]).

Aristomenes, der Akarnane, einer der Leibwächter des Agathokles, des Freundes Ptolemaios' IV Philopator; nachdem jener sich
der Gewalt bemächtigt hatte, dessen rechte Hand. Er zeichnete den
Machthaber, als er bei ihm speiste, durch einen goldnen Kranz aus,
trug zuerst sein Bildniss im Siegelring und nannte seine Tochter nach
ihm und dessen Schwester Agathokleia[6]).

---

1) Demetr. 11: οὗτος γὰρ ἦν ὁ τῶν σοφῶν τούτων καὶ περιττῶν καινουργὸς
ἀρεσκευμάτων — — ἦν δὲ καὶ τἄλλα παράτολμος ὁ Στρατοκλῆς καὶ βεβιωκὼς
ἀσελγῶς· καὶ τῇ τοῦ παλαιοῦ Κλέωνος ἀπομιμεῖσθαι δοκῶν βωμολογίᾳ καὶ βδελυρίᾳ
πρὸς τὸν δῆμον εὐχέρειαν. 24 extr. 26. Vgl. Ruhnken zu Rutilius Lupus p. 34.
Droysen Hellen. II 2, 176. 183. 191.

2) fr. ex inc. fab. 25 f. Vielleicht in der Komödie Ἀνανέωσις, welche ironisch
die Verjüngung, die Neugeburt Athens durch die Reformen und Neuerungen von
Staatsmännern wie Stratokles, wohl nach dessen Tode, behandelt haben mag. Zu
solchem Thema passt fr. 25, Stratokles konnte mit fr. 8 gemeint sein: ζωμοχολα-
κεύων καὶ παρεισιών ἀεί. Vgl. übrigens Meineke hist. crit. 170 ff.

3) Euphantos im 4. Buch der ἱστορίαι (fr. hist. Gr. III p. 19) bei Athenaeus
VI p. 251 D. Über das hier berichtete κολάκευμα s. oben S. 58; was zur Rettung
des Euphantos in den Greifswalder Philol. Untersuchungen IV 88 vorgetragen wird,
giebt den Bericht des Athenaeus preis, ohne auch nur eine Erklärung zu versuchen.

4) Athenaeus VII p. 318 D. Epigramm des Poseidippos (Blass Rhein. Mus.
XXXV 91) und Basis von Delos (Homolle Bull. de corr. Hellén. IV 325 f.)

5 Diodor XX 21.

6) Polybios XV 31, 7: κάλλιστα καὶ σεμνότατα δοκεῖ προστῆναι τοῦ τε βασι-
λέω· καὶ τῆς βασιλείας, κατὰ τοσοῦτον κεκολευκέναι τὴν Ἀγαθοκλέους εὐκαιρίαν.
πρῶτος μὲν γὰρ ὡς ἑαυτὸν ἐπὶ δεῖπνον καλέσας τὸν Ἀγ. χρυσοῦν στέφανον ἀπέδωκε
μόνῳ τῶν παρόντων — — πρῶτος δὲ τὴν εἰκόνα τοῦ προειρημένου φέρειν ἐτόλμησεν
ἐν τῷ δακτυλίῳ· γενομένης δὲ θυγατρὸς αὐτῷ ταύτην Ἀγαθόκλειαν προσηγόρευσεν
(S. 58). Die κόλακες des jungen Ptolemaios V Epiphanes, dessen Vormund er war,
stürzten ihn: Diodor XXVIII 15. Plutarch über φίλος und κόλαξ p. 71 C.

Philon, ein andrer ὑπηρέτης und κόλαξ des Agathokles[1]), ist im Stadion zu Alexandria unmittelbar vor diesem von der erbitterten Menge ermordet worden[2]).

Hierax von Antiochia, früher Flötenspieler, der das Spiel von Pantomimen (λυσιῳδοί) begleitete, allmächtige Stütze des Reichs unter dem elenden Ptolemaios VII Euergetes mit dem Beinamen Physkon, als dessen Strateg und leitender Staatsmann. Als die Armee zu Galaistes abfallen wollte, weil ihr der Sold nicht gezahlt wurde, hat er aus eignen Mitteln das Geld geschafft und so dem drohenden Umsturz vorgebeugt[3]). Dennoch nennt ihn Poseidonios von Apamea κόλακα δεινόν[4]).

Parasit des Königs Lysimachos war Bithys, Kleon's Sohn, von Lysimacheia, der dem knauserigen Herrn mit gutem Humor zu begegnen wusste[5]); ferner Paris[6]).

Phormion war Parasit des Seleukos[7]).

Herakleides von Tarent, aus dem Handwerkerstande hervorgegangen, rechte Hand des Philippos, Sohnes des Demetrios und Vaters des Perseus, verschlagen und intriguant, nach unten herrisch, nach oben unterwürfig (πρὸς μὲν τοὺς ταπεινοτέρους καταπληκτικώτατος καὶ τολμηρότατος, πρὸς δὲ τοὺς ὑπερέχοντας κολακικώτατος), ein geborner Überläufer und Verräther, aus seiner Heimathstadt verjagt, weil er im Verdacht stand, dass er sie den Römern ausliefern wolle, von Rom aus mit den Tarentinern und Hannibal verrätherische Ränke spinnend, von da zu Philipp geflohen, παρ' ᾧ τοιαύτην περιεποιήσατο πίστιν καὶ δύναμιν, ὥστε τοῦ καταστραφῆναι τὴν τηλικαύτην βασιλείαν σχεδὸν αἰτιώτατος γεγονέναι[8]).

1, Polybios XIV (c. 11) bei Athenaeus VI p. 25 E.

2) Polybios XV 33.

3) Diodor XXXIII 26.

4) Im vierten Buch seiner ἱστορίαι (fr. hist. Gr. III p. 254 M.) bei Athenaeus VI p. 252 F.

5) Aristodemos (fr. 11 M.) bei Athen. VI p. 246 D: Lysimachos wirft dem Bithys einen hölzernen Skorpion in den Rock, dieser springt erschreckt auf; nachdem er die Täuschung erkannt hat, ruft er dem König zu: sich will dich auch erschrecken; gieb mir ein Talent. CIA I n. 320 Ehrendecret der Athener.

6) Scherz des Demetrios Poliorketes über den Hof des Lysimachos, an dem wie auf der komischen Bühne lauter zweisylbige Personen auftreten: Phylarchos im 6. Buch der ἱστορίαι bei Athen. XIV p. 614 F.

7) Aristodemos a. O. bei Athen. VI p. 244 F.

8) Polybios XIII 4, citirt bei Athenaeus VI p. 251 E.

Als Parasit des Königs Antiochos I von Syrien hat Aristodemos in dem angeführten Buch den Sostratos von Priene verzeichnet[1]), Flötenspieler[2]) und Tänzer[3]) des Königs, von niedrer Herkunft[4]. Was von seinen Aussprüchen bekannt ist, macht ihm keine Schande und zeigt eher Freimüthigkeit als kriechende Gesinnung.

Bei dem zweiten Antiochos standen Archelaos, der Tänzer, und Herodotos, der λογόμιμος, in hoher Gunst[5]). Bei Antiochos dem achten mit dem Beinamen γρυπός (Habichtsnase) war Apollonios Parasit[6]).

Den Rest ordnen wir alphabetisch.

Andromachos von Karrai, vertrauter κόλαξ des Licinius Crassus, den er an die Parther verrathen hat[7]).

Anthemokritos, der Pankratiast, Parasit des argivischen Tyrannen Aristomachos[8]), ob des älteren oder des jüngeren, ist unbekannt.

Ariston von Chios[9]), dem Philosophen, sagte Timon im dritten Buch seiner Sillen[10]) nach, er sei κόλαξ des Stoikers Persaios geworden[11]), weil dieser ἑταῖρος des Königs Antigonos war.

Athenaios von Eretria, κόλαξ und ὑπηρέτης des Sisyphos von Pharsalos[12]).

Escharos, Iros, Ortyges hiessen die 3 vornehmen Verschwörer, durch welche Knopos der Kodride, König von Erythrai, um-

---

1 Bei Athenaeus VI p. 244 F fr. 7 M.'.

2 Hegesandros bei Athen. I p. 19 C fr. 13.

3) Sextus Empiricus adv. mathem. p. 281 Fabr.

4) Stobaeus floril. 86, 14.

5. Hegesandros bei Athen. I p. 19 D (μάλιστα ἐτιμῶντο τῶν φίλων,

6) Poseidonios von Apamea im 34. Buch seiner ἱστορίαι fr. 33 M.) bei Athenaeus VI p. 246 D.

7) Nikolaos von Damascus im 114. Buch seiner ἱστορίαι (fr. hist. Gr. III p. 418 M.) bei Athenaeus VI p. 252 D. Plutarch im Leben des Crassus 29.

8 Agatharchides von Knidos im 22. Buch seiner Εὐρωπιακά (fr. 5 M.) bei Athenaeus VI p. 246 E.

9 Über ihn Zeller Philos. d. Gr. III 1. 32. Vgl. Ritschl opusc. I 551 ff.

10. Bei Athenaeus VI p. 251 B fr. LXIIII W.

11 Über ihn Zeller Philos. d. Gr. III 1. 31.

12) Theopomp im 9. Buch der Ἑλληνικά (fr. hist. Gr. I p. 280 M.) bei Athen. VI p. 252 F.

gebracht ist: οἳ ἐκαλοῦντο διὰ τὸ περὶ τὰς θεραπείας εἶναι τῶν
ἐπιφανῶν πρόσχυνες καὶ κόλακες [1]).

Herakleides von Maroneia, κόλαξ[2]) und vertrauter Rathgeber des
Thrakerkönigs Seuthes, in dessen Interesse er an der Tafel
desselben seine Gäste, die griechischen Offiziere bearbeitete[3]).
Er verleumdet den Xenophon beim König aus Furcht von ihm
aus der Gunst desselben verdrängt zu werden[4]), ist überhaupt
Intriguant und Diplomat[5]).

Kleonymos, Choreut und κόλαξ in Argos, von Myrtis, dem Führer
der makedonisirenden Partei, am Ohr aus der Gerichtsversamm-
lung herausgeführt mit den Worten: οὐ χορεύσεις ἐνθάδε οὐδ᾽
ἁμῶν ἀκούσῃ [6]).

Lysimachos, κόλαξ und Lehrer des Königs Attalos, über dessen
Bildung (περὶ τῆς Ἀττάλου παιδείας) er βίβλους πᾶσαν κολακείαν
ἐμφαινούσας geschrieben haben soll[7]).

Melanthios, Parasit des Alexandros von Pherae, hat die Ermordung seines wilden und wüsten Brodherren mit aufrichtigem
Kummer als einen Stoss in seinen eignen Leib empfunden[8]).

Nikostratos, Söldnerhauptmann der Argiver, von gewaltiger Körper-
kraft, ein Herakles, den er auch durch seine Tracht, Löwenfell
und Keule, in den Schlachten darzustellen suchte, in hoher Gunst

---

1) Hippias von Erythrai im 21. Buch περὶ τῆς πατρίδος ἱστοριῶν (fr. hist.
Gr. IV p. 431 M.) bei Athen. VI c. 74 f.

2) Nach Athenaeus VI p. 251 F aus Theophrast π. κολακείας[?]. Xenophon
braucht den Ausdruck nicht.

3) Xenophon Anab. VII 3, 15.

4) Xenophon a. O. VII 6, 6.

5) Xenophon a. O. VII 6.

6) Theophrast περὶ κολακείας bei Athenaeus VI p. 254 D. Er charakterisirt
den Kleonymos als προσκαθίζοντα πολλάκις αὐτῷ (dem Myrtis) καὶ τοῖς συνδικά-
ζουσι, βουλόμενον δὲ καὶ μετὰ τῶν κατὰ τὴν πόλιν ἐνδόξων ὁρᾶσθαι. Über Myrtis,
den Theopompos im 51. Buch (I p. 322 fr. 257 M.) Amyrtaios nannte (Harpocr.),
s. auch Demosthenes de cor. 295.

7) Athenaeus VI p. 252 C (fr. hist. Gr. III 2 M.). Kallimachos hat das Werk
des Lysimachos in seine πίνακες eingetragen und den Verfasser als Θεοδώρειος,
d. h. als Anhänger der Secte des Atheisten Theodoros (Laert. Diog. II 8, 7. 11.
Callimachea ed. O. Schneider II p. 318 n. 12). Hermippos dagegen (fr. hist. Gr.
III p. 46 M.) zählte ihn unter die Schüler des Theophrast.

8) Plutarch φίλος und κόλαξ 3 p. 50 D.

bei Artaxerxes Ochos, der ihn für das Commando gegen Ägypten vorgeschlagen hat[1]). Theopomp[2]) sagt ihm nach, dass er, obwohl προστάτης seiner Heimath, von, edler Abkunft und grossem Reichthum, dem Perserkönig gegenüber ἅπαντας ὑπερεβάλετο τῇ κολακείᾳ καὶ ταῖς θεραπείαις οὐ μόνον τοὺς τότε στρατείας μετασχόντας ἀλλὰ καὶ τοὺς ἔμπροσθεν γεγενημένους. Um dem König zu gefallen und sein Vertrauen zu gewinnen, habe er seinen Sohn zu ihm gebracht. Täglich bei der Mahlzeit habe er einen besondern, mit Speisen besetzten Tisch aufstellen lassen für den Dämon des Königs, weil er in Erfahrung gebracht, dass die persischen Höflinge dies thäten. Er habe gehofft, für solche Huldigungen desto mehr von dem Könige zu profitiren, denn er sei αἰσχροκερδής gewesen und χρημάτων ὡς οὐκ οἶδ' εἴ τις ἕτερος ἥττων.

Sosipatros, ein γόης, war κόλαξ des Mithridates[3].

Sostratos, der Chalkedonier, κόλαξ des Kauaros, Königs der thrakischen Galater, dessen gute Natur er nach Polybios[4]) verdarb.

Ohne Namen werden κόλακες erwähnt der Fürsten

Nikokles von Kypros (Max. Tyr. 20, 7. Vgl. Anaximenes βασιλέων μεταλλαγαί bei Athen. XII c. 44);

Sardanapallos (Max. Tyr. 20, 2);

Straton von Sidon (ebenda: vgl. Theopomp im 15. Buch s. Φιλιππικαὶ ἱστορίαι fr. hist. Gr. I p. 299 fr. 126 M. bei Athen. XII 44);

Telos von Sybaris Max. Tyr. a. O.: ὁ Συβαρίτης ἐκεῖνος. Vgl. Herod. V 44. 47, Diodor XII 9, Heraklides Pontikos περὶ δικαιοσύνης bei Athenaeus XII 21).

Aus den Satiren des Lucilius stammt vielleicht die Redensart tongiliatim (d. h. pravis verbis) loqui, von einem alten Erklärer auf einen Parasiten Tongilius zurückgeführt, 'qui hoc invenerat risus aucupium, ut salutatus convicio responderet et male dicentem salutaret blandissime'[5]).

---

1) Diodor XVI 44.

2' Im 18. Buch seiner ἱστορίαι I p. 301 fr. 135 M.) bei Athenaeus VI 60 p. 252 A.

3 Nikolaos der Peripatetiker bei Athenaeus VI p. 252 F.

4) Im 8. Buch bei Athen. VI p. 252 C.

5, Isidori glossae: Löwe Prodromus S. 334, vgl. 53.

VII.

Zur Synonymik.

Die Synonymik variirt den Begriff durch Hervorhebung einzelner Seiten und Züge. Sie bezeichnet das schmeichlerische Wesen des κόλαξ durch ἡδυλισμός χαριτογλωσσεῖν κορίζεσθαι, vergleicht es mit der Freundlichkeit des Hundes: αἴκαλος, σαίνειν, ὑπίλλειν στόμα, mit Liebkosungen, die man etwa dem Pferde zuwendet: θώπτειν κατα-ψήχειν ποππύζειν, seine Art zu grüssen mit dem Flügelschlag des Hahnes: παραπτερυγίζειν; die Vertraulichkeit kehrt sie hervor in ἀδελ-φίζειν; die Zudringlichkeit in εἰσομιλεῖν; die Geselligkeit in συμβίωτος; den Diensteifer in θέραψ, κροκολεγμός; die Zungengewandtheit in κώ-ταλος; die Schalksnatur in εἴρων κέρκωψ κόβαλος πιθηκισμός τιθασευτής; die stille Verachtung in ἐργόμωχος ἐπιτωθάζειν ῥῖνα προπηλακίζειν; das Betrügerische in αἱμύλος ἀπατεών γόης νοθεύειν ὑπελαύνειν u. dgl. Den Weltmännischen bezeichnet κομψός, den Würdelosen κορδακίζων, den Bettel- und Possenhaften βωμολόγος γελωτοποιός.

Dem κόλαξ des Demos, δημοκόλαξ, sind Composita gewidmet, welche seine Unehrlichkeit und Gunstbuhlerei kennzeichnen: δημο-πίθηκος δημοχαριστής, Cicero nennt den adsentator der Menge schlecht-weg popularis[1]).

Beim Parasiten wird vor Allem betont die Theilnahme an frem-dem Tisch ohne Einladung und Beitrag: τραπεζεύς παραμασύντης παρά-βυστος u. dgl., ἄκλητος ἀνεπάγγελτος ἀσύμβολος u. s. w.; demnächst der Appetit: λιμοκόλαξ ψωμοκόλαξ λάρυγξ und Composita, ποντοφάρυγξ u. dgl.; der Bauch: ὀλβιογάστωρ γαστρογάρυβδις κοιλιοδαίμων; die Lüstern-heit: καπνοτηρητής ταγγνοχνισσθήρας u. a.; ferner die Armuth in αὐτο-λήκυθος, die Gemeinheit in θής ψωμοκόλαφος.

I. Κόλαξ κολακεία κολάκευμα. Vgl. Pollux VI 122 (kretisch κόλαττης? Hesych.). Im Lateinischen schliesst sich am nächsten an: adsecula, παράσιτος und bucellarius in Glossaren erklärt.

---

1) De amic. 25, 95: 'contio, quae ex imperitissimis constat, tamen iudicare solet, quid intersit inter popularem, id est adsentatorem et levem civem, et inter constantem et severum et gravem.

αἰχαλος: Hesychius. Aristophanes eq. 48: ὁ βυρσοπαφλαγῶν ὑποπεσὼν τὸν δεσπότην | ἤκαλλ' ἐθώπευ' ἐκολάκευ' ἐξηπάτα κτλ. schol. Ven.: αἰχάλλειν ἐστὶ τὸ τὸν κύνα τοῖς ὠσὶ καὶ τῇ οὐρᾷ σαίνειν τοὺς ἠθάδας. aneed. Bekk. 21: αἰχάλλοντες σημαίνει τὸ σαίνοντες, ὅπερ οἱ κύνες ποιοῦσιν κτλ.

αἰμύλος. Suidas: κόλαξ, ἀπατεών. aneed. Bekk. 363. 1 (vgl. 356, 22. 362, 31): ὁ ἔμπειρος ἢ ἡδὺς ἐν τῷ ἀπατᾶν καὶ κόλαξ κτλ. Schol. Plat. p. 314 B. Hesiod OD. 374 u. s. w.

ἀπατεών u. ähnl. Pollux a. O.

ἄρεσκος: s. oben S. 17 f. Vgl. Cyrillus: placivus, ἀρεστός (ἄρεσκος? placor, ἀρέσκεια.

βωμολόχος. Harpokration (s. oben S. 15) etym. m. 217, 55: κυρίως ἐλέγοντο οἱ ἐπὶ τῶν θυσιῶν ἐπὶ τοῖς βωμοῖς λοχῶντες καὶ μετὰ κολακείας προσαιτοῦντες . . . τινὲς δὲ μετά τινος εὐτραπελίας κόλακα κτλ. schol. Aristoph. nub. 910. Vgl. schol. Plat. p. 421 B.

βωμολογία. Hesychius: γένος κολακείας φορτικὸν καὶ γελωτοποιόν.

γελωτοποιός. Pollux, s. oben S. 15. 36.

γόης. Pollux, Hesychius. Moeris: γόης Ἀττικοί, κόλαξ Ἑλληνικὸν καὶ κοινόν. Γόητες Kom. des Aristomenes.

δημοκόλαξ (Hyperides) Lukian Demosth. encom. 31.

δημοπίθηκος Aristophanes ran. 1084: ἡ πόλις ἡμῶν | ὑπογραμματέων ἀνεμεστώθη | καὶ βωμολόγων δημοπιθήκων, ἐξαπατώντων τὸν δῆμον ἀεί. schol.: δημοπιθήκους δὲ τοὺς πανούργους περὶ τὸν δῆμον . . . ἢ τοὺς τὸν δῆμον κολακεύοντας καὶ πείθοντας. Vgl. aneed. Bekk. 34, 18.

δημοχαριστής: Euripides Hec. 133.

εἴρων: Pollux. Schol. Plat. p. 384 B: εἰρωνεία τὸ προχείρως καὶ μετὰ τοῦ πρὸς χάριν διαλέγεσθαι, κολακεία, ψευδολογία.

ἐργόμωχος. Philoxenus: ἐργόμωχος, adulator u. s. w. gloss. bei Salmasius zu hist. Aug. t. II p. 361: adulator, ambitiosus, adsentatores, ἐργόμωχοι. Hesychius: ἐργ., ἐμπαίζων. Lobeck Aglaoph. 1318.

ἡδυλόγος. Eurip. Hec. 133: ὁ ποικιλόφρων | κόπις ἡδυλόγος δημοχαριστής | Λαερτιάδης. ἡδυλισμός: Eustathius 1417, 21. Menander fr. 30.

θέραψ (kretisch: aneed. Bekk. p. 1096, 1) Pollux a. O. vgl. Hesychius, Suidas Θεράπων Lukian de paras. 31.

θώψ. Hesychius: κόλαξ, ὁ μετὰ θαυμασμοῦ ἐγκωμιαστής. θῶπες· κόλακες, εἴρωνες. θωπικός· κολακευτικός. etym. m. = Timaeus lex. Plat.: θῶπες· οἱ μετὰ ψεύδους καὶ θαυμασμοῦ προσιόντες ἐπὶ κολακείᾳ, παρὰ τὸ θώψ, ὅπερ ἐστὶ θηρίον ἀπατηλόν. Herodianus I p. 404, 19 L. θώψ· ὁ πλάνος.) Antiphon π. ὁμονοίας bei Suidas s. v. θωπεία· πολλοὶ δ' ἔχοντες φίλους οὐ γινώσκουσιν, ἀλλ' ἑταίρους ποιοῦνται θῶπας· πλούτου καὶ τύχης κόλακας. — θωπεία: Euripides Orest. 670 Xenophon π. ἱππ. 3, 12. Was für ein Thier eigentlich θώψ ursprünglich bedeutet, weiss ich nicht; θώπτειν aber und θωπεύειν bezeichnet eine sanfte, schmeichelnde Liebkosung, ursprünglich mit der Hand, wie man Pferde streichelt und klopft: Xenophon π. ἱππικῆς 3, 12. Ein ζῷον θωπευτικόν ist der Hund (Aristoteles Naturgesch. p. 488b, 21, Physiogn. 6. p. 811b, 38). Ferner sind Frauen, Mädchen, Töchter zu θωπεύματα, Liebkosungen und Liebeserweisungen geschickt, (Aristoph. Wesp. 610 Lys. 1037 Eurip. Suppl. 1103 Aesch. Prom. 936 Soph. El. 397), auch in Worten (θῶπες λόγοι), die zunächst nur den Zweck der Liebkosung, der schonenden Höflichkeit (Herod. I, 30) haben, dann auch andre praktische Ziele verfolgen, zunächst dem Stärkeren, Überlegenen gegenüber, den man sich dadurch geneigt macht (Soph. Oe. 1003. 1336 Eurip. Orestes 670 Aristoph. Wesp. 563). So entsteht der Begriff des bewussten, absichtlichen Schmeichelns (Aristoph. Ach. 640. 657 Ritter 48. 788) zum Zweck eine Person zu erweichen, zu gewinnen, zu betrügen. Das Wort kommt bei Homer Hesiod Theognis Pindar nicht vor: Herodot ist der erste, bei dem es sich nachweisen lässt (III 80). Im Lateinischen entspricht begrifflich am meisten palpo (Onomasticon: palpo, θώψ, palpum, θωπεία); palpo percutere Plaut. Amph. 526 Merc. 153, palpari alicui Amph. 507, Hor. sat. II, 1, 20. Lucilius 29, 96 von einem Schmeichler: 'hic ubi me vidét, palpatur, cáput scabit, pedés legit'. Im Rudens 126 wird der leno als palpator beschrieben. Lautlich steht vielleicht fovere am nächsten. Philoxenus: focilat, θωπεύει. Vgl. Varro bei Nonius p. 481, 14: 'suum quisque diversi commodum focilatur'.

κέρκωψ. Plutarch über φίλος und κόλαξ 18 p. 60b: vgl. Lobeck Agl. 1296—1308. Komödien mit dem Titel Κέρκωπες schrieben Hermippos (fr. 38 Κολακοφωροκλείδης, Platon, Eubulos (fr. 53 f. scheint ein Parasit zu sprechen). Vgl. auch Kratinos fr. 12.

κόβαχτρα. Hesychius: κολακεύματα, πανουργήματα. Lobeck Agl. 1322.

κόβαλος. anecd. Bekk. 272, 21: ἡ παρὰ πονηροῦ ἀνθρώπου κολακεία. Vgl. Lobeck Agl. 1308—1329. κοβαλεία anecd. Bekk. 272, 21.

κομψός. Pollux a. O. Eupolis fr. 159, 2 K.

κορδακίζων. Pollux a. O. (Hesychius: κορδακισμοί· τὰ τῶν μίμων γελοῖα καὶ παίγνια. So führt Pollux unter den Synonymen des κόλαξ u. a. auch ὑποκριτής, ποιητὴς γελοίων, μῖμος γελοίων, ποιητὴς αἰσχρῶν ἀσμάτων, αἰσχρολόγος, μῦθων, τωθαστής auf.)

κροκυλεγμός: s. oben S. 54.

κύων προσσαίνων, προσσεσηρώς. Pollux a. O.

κώτιλος, eigentlich λάλος wie die Schwalbe (Anakreon fr. 154: vgl. Simonides fr. 243. 73), demnächst λόγοις ἀπατῶν, κολακεύων. etym. m., Hesychius, Photius, Suidas. Vgl. Hesiod OD. 374 Thales in Bergk's lyr. Gr. III⁴ 200 Theognis 852 Soph. fr. 606.

πιθηκισμοί. Aristoph. Ritt. 887 u. schol.

ποππύσματα. Hesychius, Photius: κολακεῖαι εἰς τοὺς ἀδαμάστους ἵππους. Eustathius p. 565, 19.

συγκατανευσίφαγος. Krates, der Komiker, in einer Elegie (Bergk lyr. Gr.⁴ II, p. 372). Stobaeus flor. XIV 16: Κράτης τοὺς κόλακάς φησι συγκατανευσιφάγους¹).

τιθασευτής. Aristophanes Wespen 702, dazu schol. τιθασεύειν: Demosthenes Olynth III 34; vgl. Hermogenes π. εὑρέσεως IV 10

Verba:

ἀδελφίζειν. Apollophanes 4 p. 798 K.
αἰκάλλειν. Soph. fr. 728 anecd. Bekk.²)
ἀρέσκειν. Anaxandrides 42.

---

1) Derselbe, dessen Blüthe Laertius Diog. VI 5 um Ol. 113 setzt, führte in seiner Ἐφημερίς als aus dem Rechnungsbuch eines jungen Lebemannes folgende Posten auf (Bergk lyr. Gr. II⁴ p. 370 fr. 15):

    τίθει μαγείρῳ μνᾶς δέκ', ἰατρῷ δραχμήν,
    κόλακι τάλαντα πέντε, συμβούλῳ καπνόν.
    πόρνῃ τάλαντον, φιλοσόφῳ τριώβολον.·

Vgl. unten das Apophthegma.

2) αἰελλεῖ· φιλεῖ. κολακεύει Hesychius, entweder aus αἰκάλλει oder aus αἰολεῖ verdorben.

KOLAX. 97

ἀφαιρεῖν κροκύδας anecd. Bekk. s. oben S. 54.

εἰσομιλεῖν. Hesychius: εἰσωμίλει, ἐκολάκευεν.

ἡδυλίζειν. Philemon 30, Menandros 30.

ἡδυλογεῖν. Phrynichos fr. 3 K.

θωπεύειν und θώπτειν: s. oben S. 45.

καταψήχειν. Hesychius: ἡσυχῇ τρίβειν, wie man ein Pferd streichelt.
Vgl. Aristophanes fr. 42 K.

κερκωπίζειν· ἐπὶ τῶν κολακευόντων κτλ. Diogenian II 100. Eustathius zu Hom. Od. χ 552.

κομψεύεσθαι. Hesychius.

κορίζεσθαι, liebkosen, von Kindern. Aristophanes Wolken 68, schol.
anecd. Bekk. 47, 31. ὑποκορίζεσθαι: schol. Plat. p. 401 B., Hesychius, Suidas und Photius.

κωτίλλειν, beschwatzen, betrügen: S. 96. Theognis 363. Soph.
Antig. 756.

λιπαρεῖν. Hesychius: δεῖσθαι, κολακεύειν κτλ. Aesch. Prom. 1004
und sonst.

νοθεύειν. Hesychius: ἀπαλλοτριοῖ, ἀπατᾷ, κολακεύει; spät.

παραπτερυγίζειν. Photius: κολακεύειν, ἀπὸ τῶν ἀλεκτρυόνων.

ποππύζειν. Schol. Plat. p. 465 B: ποππυσθείη· κολακευθείη, ἐκ μετα-
φορᾶς τῶν ἐπὶ τοῖς ἵπποις ποππυσμάτων ἐν τῷ δαμάζεσθαι. Timokles fr. 21, 7.

προπηλακίζειν, grob schmeicheln. Hesychius: ἐρεθίζει, κολακεύει.

ῥινᾶν. Menandros inc. fab. fr. 854. Vgl. Lobeck Agl. 1305'.

σαίνειν, προσσαίνειν, περισαίνειν. Hesychius, Photius, Tragiker. Der
metaphorische Gebrauch von *adulari* scheint vor Cicero kaum
nachweisbar, tritt massenhaft erst im Zeitalter des Tacitus auf, der
ihn mit Vorliebe anwendet. Auch deshalb also ist es nicht räthlich
das Citat bei Priscian p. 791 P. 'Cassius similiter: adulatique erant
ab amicis atque adhortati' dem Cassius Hemina zuzuschreiben. (Vgl.
Peter vett. hist. Rom. rel. p. CLXXVI A. 2'. Ob die Worte aus
der Rede des Prometheus 'nostrum adulat sanguinem' (vom blut-
leckenden Adler gesagt) von Accius (V. 390²) oder von Cicero
herrühren, bleibt zweifelhaft. Der Sprache des Plautus und
Terenz ist *adsentator* und *blandus* und was desselben

98 Ribbeck,

Stammes ist geläufig. Cyrillus: *blandor* γότς, κόλαξ. *blandus*, κωτίλος θώψ u. s. w.

ὑπελαύνειν, ὑπέρχεσθαι, ὑπιέναι, ὑποπίπτειν, ὑποτρέχειν bekannt. (schol. Aeschin. III 116: ὑποπεπτωκότες· οἱονεὶ κολακεύοντες).

ὑπίλλειν στόμα. Sophokles Antig. 509.

χαριτογλωσσεῖν. Aeschylus Prom. 294. Athenaeus IV p. 165 C.

II. παράσιτος. parasitulus: Löwe Prodromus 419. parasitaster Ter. adelph. 779.

ἄκλητος. Antiphanes inc. fr. 230.

ἀνεπάγγελτος. Kratinos fr. 44.

ἀσύμβολος. Anaxandrides fr. 10. Diphilos 74. *asymbolum venire:* Terentius Phorm. III 1, 25.

αὐτολήκυθος. Plutarch Mor. p. 50C (I p. 115 H).

βδελλολάρυγξ, Blutegelschlund, Kratinos fr. 44.

buccellarius: vgl. Salmasius zu script. hist. Aug. vol. I p. 877. 1031. II 614 (ed. Lugd. Bat. 1671). gloss. Hildebr. p. 232. buccellatarius: vgl. Löwe Prodr. 419. buccones, παράσιτοι βουκκίωνες: Philoxenus.

γαστροχάρυβδις. Kratinos fr. 397.

γλωττογάστωρ. Amphis fr. 482. Pollux II 108: γλωττογάστορες παρὰ τοῖς κωμικοῖς οἱ ἀπὸ τῆς γλώττης βιοῦντες.

δαιτυμών. Homer: Lukian über den Parasiten 10 p. 848.

ἐπισίτιος, eigentlich Tagelöhner (Athenaeus VI p.247), Timokles fr. 29.

ἐπιτραπεζίδιος. Hesychius.

θής. Hesychius (δοῦλος, μισθωτός, παράσιτος). Vgl. Aristoteles eth. Nicom. IV 9: πάντες οἱ κόλακες θητικοί. Lobeck Aglaoph. 1319.

καπνοστηρητής. Eustathius zu Homer p. 1718, 60.

κνισοκόλαξ. Asios fr. XIV M.

κνισολοιχός. Antiphanes fr. 63. Amphis fr. 10. Sosibios 6. Sophilos 5. 7.

κνισοτηρητής. anecd. Bekk. 49, 13 (com. anon. 294).

κοιλιοδαίμων. Eupolis fr. 172 K.

λάρυγξ. Eubulos inc. fab. 134.

λιμοκόλαξ. com. anon. 295.

λιχνοτένθης, Leckermaul. Pollux VI 122.

μασύντης. Hesychius.

μολοβρός. Homer Odyss. ρ 219. Hesychius (vgl. schol.): μολίσκων ἐπὶ τὴν βοράν, τουτέστι παράσιτος, γαστρίμαργος, ἐπαίτης κτλ.

ὀλβιογάστωρ. Alexis fr. 10.

ὄνου γνάθος. Eupolis fr. 434 K. (Hesychius: παίζει εἰς πολυφαγίαν. Vgl. Γνάθων).

παράβυστος. Timotheos fr. 1.

παραδεδειπνημένος. Amphis fr. 31 M.

παραδείπνις. Eubulos inc. 134. (Lobeck Phryn. p. 326.)

παραμασήτης. Alexis fr. 232. Timokles 10.

παραμασύντης. Ephippos fr. 8. Alexis 217, 8.

ποντοφάρυξ com. anon. 304.

συμβίωτος. Eupolis fr. 448 K.

ταγηνοκνισοθήρας. Eupolis fr. 173.

toluberna, adsecula παράσιτος εὐτράπελος: Philoxenus. (cotuberna oder cotubernalis? vgl. Lobeck Aglaoph. 1318*.)

τραπεζεύς. Plutarch Mor. p. 50 C (I p. 115 H), Hesychius (τραπεζῆες heissen bei Homer X 69 Ψ 173 ρ 309 Hunde, die bei Tisch gefüttert werden).

τραπεζολοιχός. Eustathius p. 1837, 39.

τριβαλλοί. Hesychius: συκοφάνται. οἱ δὲ τοὺς θωπευτικοὺς ἐν τοῖς βαλανείοις διατρίβοντας καὶ ἐπὶ τὰ δεῖπνα ἑαυτοὺς καλοῦντας. Vgl. Lobeck Agl. 1037. 1325.

τρεχέδειπνος. Athenaeus VI p. 242 C u. s. w. S. 75.

ψωμοκόλαξ. Aristophanes fr. 167, Sannyrion fr. 10, Philemon 8, Philippides 8. Vgl. bucellarius oben S. 98.

ψωμοκόλαφος. Diphilos fr. 48.

Verba:

τἀλλότρια δειπνεῖν. Antiphanes fr. 248 f. Eubulos fr. 72. Theopompos fr. 34.

ἀποτηγανίζειν ἄνευ συμβολῶν. Phrynichos fr. 57.

ἔργον λαβεῖν. Ameipsias fr. 1 K. Alexis 190 (vgl. ἐργολαβεῖν, ἐργολαβία).

προῖκα δειπνεῖν. Antiphanes fr. 210.

III. Der Brodherr des κόλαξ heisst: βασιλεύς, rex, dominus, genius (Plautus Capt. 879, Curc. 301, Men. 137 f. 140) τρέφων (παρατρέφειν: Timokles fr. 10, 2), φάτνη (Menander bei Aelian π. ζῴων IX 7 = inc. fab. 854), praesaepis (Plautus Curc. 228). Der Ungastliche heisst μονοφάγος Aneipsias fr. 23 inc. fab. 24. Es wird von ihm gesagt: λαθροφαγεῖν Metagenes fr. 15, μονοσιτεῖν Alexis inc. fab. 266, μονοφαγεῖν Antiphanes inc. fab. 250.

VIII.
Populäre Ausdrücke, Sprüchwörter, Gnomen und Apophthegmen.

1. Σῦκον αἰτεῖς. Zenobius V 91: αὕτη λέγεται κατὰ τῶν κολακευόντων. οἱ γὰρ Ἀθηναῖοι ἐκολάκευον τοὺς γεωργοὺς βουλόμενοι παρ' αὐτῶν λαμβάνειν τὰ πρώϊμα σῦκα· οἰωνίζοντο γὰρ αὐτοῖς καὶ πάλιν ἐλθεῖν εἰς νέωτα. Vgl. Diogenianus VIII 9, Apostolius XV 69, Suidas und Photius s. v. Hesychius: σῦκον αἰτεῖν· κολακεύειν. Schol. Aristoph. Wesp. 364: σῦκα μ' αἰτεῖς· τουτέστι τρυφᾶν βούλει, ὅτι τρυφᾶν φασὶ τὸ ἐσθίειν ἰσχάδας. Der Grundbegriff ist also wohl: betteln.

2. Ἕπεσθε μητρὶ χοῖροι. Aristophanes Plut. 315: σὺ δ' Ἀρισύλλος ὑπογάσκων ἐρεῖς· | ἕπεσθε μητρὶ χοῖροι. schol.: τοῦτο δὲ παροιμιῶδες εἶναί φασιν· οἱ γὰρ παῖδες αὐτὸ εἰώθασι λέγειν, ἕπεσθε μ. χ. παροιμιακὸν οὖν ἐστι καὶ ἐπὶ τῶν ἀπαιδεύτων φασὶ λέγεσθαι. Macarius IV 6 = appendix proverb. II 79: ἐπὶ τῶν κολακευτικῶς τισιν ἑπομένων τροφῆς ἕνεκα.

3. Αὐτόματοι δ' ἀγαθοὶ δειλῶν ἐπὶ δαῖτας ἴασιν[1]).

Nach alter Erklärung[2]) soll Herakles sich mit dem Spruch αὐτό-

---

1) Das Material und die Litteratur über diesen Spruch hat zuletzt zusammengestellt Arnold Hug in seiner Ausgabe des Platonischen Symposion S. 12 f. 204 ff. Doch vermag ich den Schlüssen, die er zieht, nicht zu folgen.

2 Zenobius II 19: αὐτόματοι . . . ἴενται. οὕτως Ἡράκλειτος ἐχρήσατο τῇ παροιμίᾳ, ὡς Ἡρακλέους ἐπιφοιτήσαντος ἐπὶ τὴν οἰκίαν Κήυκος τοῦ Τραχινίου καὶ οὕτως εἰπόντος. Ἡράκλειτος Ἡσίοδος Schneidewin ὁ Βακχυλίδης cod. Athous bei Miller Misc. 350. Der ursprüngliche Text ist eben zusammengezogen, der Archetypus wird beide Citate, aus Hesiod und Bakchylides, enthalten haben. Schol. zu Plato sympos. p. 1744: ταύτην δὲ λέγουσιν εἰρῆσθαι ἐπὶ Ἡρακλεῖ, ὃς ὅτε εἰσιόντο τῷ Κήυκι ξένοι ἐπέστη.

μᾶτοι ... ἴενται als ungebetener Gast bei dem Hochzeitsmahl des Keyx eingeführt haben. Es gab aber neben jener Fassung eine andre, welche ἀγαθῶν an Stelle von δειλῶν setzte: welche von beiden die ursprüngliche sei, ist Gegenstand der Controverse. Der zweiten gegenüber hat ausdrücklich Eupolis im Χρυσοῦν γένος die erstere als die authentische betont[1]: ob er damit die Wahrheit sagte oder von dem Recht des komischen Dichters zu bestimmtem Zwecke Gebrauch machte, lässt sich nicht mehr ermitteln. Jedenfalls passt dieselbe zu der von der Legende vorausgesetzten Situation. Da Keyx, Sohn des Elektryon, ein Neffe des Amphitryon war, konnte sein Vetter, der Zeussohn, wohl mit einer gewissen Herablassung als ein Wohlgeborner (ἀγαθός) dem wenn auch königlichen Sohn des Sterblichen und den anwesenden ξένοι als Plebeiern (δειλοί im alterthümlichen Sinn wie bei Theognis) durch freiwillige Theilnahme an deren Fest eine Ehre anzuthun vermeinen oder versichern. In dem alten erzählenden Gedicht γάμος Κήυκος, welches γραμματικῶν παῖδες dem Hesiod absprachen[2], mag jene Wendung des esslustigen Heros, die einen leise scherzhaften Anflug hat, vorgekommen sein. Dem herben Spruch hat in lyrischer Darstellung derselben Scene Bakchylides[3] nach bekannter Freiheit zu nicht mehr erkennbarem Zweck eine urbanere Form gegeben: ἔστα δ᾽ ἐπὶ λάινον οὐδόν, τοὶ δὲ θοίνας ἔντυον, ὧδέ τ᾽ ἔφα· | αὐτόματοι δ᾽ ἀγαθῶν δαῖτας εὐόχθους ἐπέρχονται δίκαιοι | φῶτες. Ebenso musste natürlich Kratinos[4] in der Parabase, wenn er jenen alten Satz verwenden wollte, um seinen Chor als Gast den Zuschauern zu empfehlen, demselben eine verbindliche Wendung geben: οἱ δ᾽ αὖθ᾽ ἡμεῖς, ὡς ὁ παλαιὸς | λόγος, αὐτομάτους ἀγαθοὺς ἰέναι | κομψῶν ἐπὶ δαῖτα θεατῶν. Das Verhältniss zwischen Dichter und Publicum ist geistreich umgekehrt: Genuss und Beifall feinsinniger Zuschauer ist das Gast-

1) fr. 289 K. bei Zenobius: Εὔπολις ... ἑτέρως φησὶν ἔχειν τὴν παροιμίαν κτλ.

2) Athenaeus II p. 49 B: ὅτι Ἡσίοδος ἐν Κήυκος γάμῳ (κἂν γὰρ γραμματικῶν παῖδες ἀποξενῶσι τοῦ ποιητοῦ τὰ ἔπη ταῦτα, ἀλλ᾽ ἐμοὶ δοκεῖ ἀρχαῖα εἶναι) τρίποδας τὰς τραπέζας φησί. Plutarch Sympos. VIII 8, 4: ὡς ὁ τὸν Κήυκος γάμον εἰς τὰ Ἡσιόδου παρεμβαλὼν εἴρηκεν. Vgl. O. Müller Dorer II 481, Markscheffel Hesiodi ... fragmenta p. 154.

3) inc. fr. 33 B.

4) fr. 169 K. in schol. Plat. a. O.: Κρατῖνος δὲ ἐν Πυλαίᾳ μεταλλάξας αὐτὴν γράφει οὕτως κτλ.

mahl, an dem jener mit Selbstbewusstsein als ein wenigstens ebenbürtiger sich betheiligen will[1]).

Der Scherz des Sokrates im Symposion Platons p. 174 B endlich setzt die durch Bakchylides in Aufnahme gebrachte Fassung (ἀγαθῶν — Ἀγάθων) voraus, doch zeigt der gleich folgende neckische Vorwurf gegen Homer, dass dieser jenes Sprüchwort nicht nur corrumpirt, sondern schmählich vergewaltigt habe (οὐ μόνον διαφθεῖραι ἀλλὰ καὶ ὑβρίσαι εἰς ταύτην τὴν παροιμίαν), indem er Menelaos, den schlechteren Mann, ungeladen zum Schmause des Agamemnon, des besseren kommen lasse (χείρω ὄντα ἐπὶ τὴν τοῦ ἀμείνονος), dass dem Verfasser hier die Lesart δειλῶν vorschwebte. Natürlich, dass die bakchylideische Interpolation im geselligen Verkehr und Gebrauch den Vorzug erhielt und in dem Maasse, dass die ursprüngliche Lesart darüber fast in Vergessenheit gerieth[2]). Vollends natürlich, dass die Parasiten die höfliche Form adoptirten und sie gern ihrem heroischen Patron und Vorgänger[3]) in den Mund legten.

4. Ἀκλητὶ κωμάζουσιν ἐς φίλων φίλοι. Zenobius II 46 u. s. w.

Gnomen und Apophthegmen bestimmter Autoren.

Metagenes:

5. Εἷς οἰωνὸς ἄριστος ἀμύνεσθαι περὶ δείπνου. (fr. 18 K.) bei Athenaeus VI p. 271 A.

Menandros:

6.   Ἐμὲ δ᾽ ἀδικείτω πλούσιος καὶ μὴ πένης·
        ῥᾷον φέρειν γὰρ κρειττόνων τυραννίδα.
inc. fab. fr. 586.

7.   Καιρῷ τὸν εὐτυχοῦντα κολακεύων φίλος
        καιροῦ φίλος πέφυκεν, οὐχὶ τοῦ φίλου.
fr. 664.

---

1) Wie kann man aus dem Citat ὡς ὁ παλαιὸς λόγος einen Schluss auf die echte Fassung ziehen, da doch im Folgenden die willkürliche Änderung auf der Hand liegt!

2) Ganz unbekannt ist der Verfasser der bei Athenaeus I p. 8 A in abgerissenem Excerpt erhaltenen Worte: ἀγαθὸς πρὸς ἀγαθοὺς ἄνδρας ἑπτασόμενος ἥκον· κοινὰ γὰρ τὰ τῶν φίλων, welche Meineke vol. IV p. 5 metrisch zu constituiren sucht: vgl. Bergk poet. lyr. Gr. II[4] p. 105.

3) Vgl. Plautus' Curculio 358.

Pseudophokylides 91 ff.:

8.   Μηδὲ τραπεζοκόρους κόλακας ποιεῖσθαι ἑταίρους·
     πολλοὶ γὰρ πόσιος καὶ βρώσιός εἰσιν ἑταῖροι,
     καιρὸν θωπεύοντες, ἐπὴν κορέσασθαι ἔχωσιν,
     ἀχθόμενοι δ' ὀλίγοις καὶ πολλοῖς πάντες ἄπληστοι.

Bergk II¹ p. 93 f.

Zenon:

9.   Ἔλεγχε σαυτὸν ὅστις εἶ, μὴ πρὸς χάριν
     ἄκου', ἀφαιροῦ δὲ κολάκων παρρησίαν.

Stobaeus floril. XIV 4 Ζήνωνος. Vgl. Meineke hist. cr. com. Graec.
praef. p. X.

Antisthenes:

10. Ὥσπερ τὰς ἑταίρας τἀγαθὰ πάντα εὔχεσθαι τοῖς ἐρασταῖς παρ-
εἶναι πλὴν νοῦ καὶ φρονήσεως, οὕτω καὶ τοὺς κόλακας οἷς σύνεισι. Stobaeus floril. XIV 19 Ἀντισθένης: λέγει κτλ. Vgl. 12.

Aristonymos:

11. Τὰ μὲν ξύλα τὸ πῦρ αὔξοντα ὑπ' αὐτοῦ καταναλίσκεται, ὁ δὲ πλοῦτος
ἐκτρέφων τοὺς κόλακας ὑπ' αὐτῶν τούτων διαφθείρεται. Stobaeus floril.
X 9: ἐκ τῶν Ἀριστωνύμου τομαρίων. Vgl. Meineke hist. cr. p. 197 f.

Diogenes:

12. Πολὺ κρεῖττον ἐς κόρακας ἀπελθεῖν ἢ ἐς κόλακας. Athenaeus
VI p. 254 C. Stobaeus flor. XIV 17: Ἀντισθένης αἱρετώτερόν φησιν εἰς κόρακας ἐμπεσεῖν ἢ εἰς κόλακας· οἱ μὲν γὰρ ἀποθανόντος τὸ
σῶμα, οἱ δὲ ζῶντος τὴν ψυχὴν λυμαίνονται. Vgl. 15. anthol. Pal. XI 323:
          Ῥῶ καὶ Λάμβδα μόνον κόρακας κολάκων διορίζει·
          λοιπὸν ταὐτὸ κόραξ βωμολόχος τε κόλαξ.
          τοὔνεκά μοι, βέλτιστε, τόδε ζῷον πεφύλαξο,
          εἰδὼς καὶ ζώντων τοὺς κόλακας κόρακας.

13. Ἐπὶ τῆς κολακείας ὥσπερ ἐπὶ μνήματος αὐτὸ μόνον τὸ ὄνομα
τῆς φιλίας ἐπιγέγραπται. Stobaeus floril. XIV 14.

Epiktetos:

14. Ὥσπερ λύκος ὅμοιον κυνί, οὕτω καὶ κόλαξ καὶ μοιχὸς καὶ παράσιτος ὅμοιος φίλῳ κτλ. fr. 48 bei Stobaeus flor. V 114.

15. Οἱ μὲν κόρακες τῶν τετελευτηκότων τοὺς ὀφθαλμοὺς λυμαίνονται, ὅταν οὐδὲν αὐτῶν ἐστι χρεία· οἱ δὲ κόλακες τῶν ζώντων τὰς
ψυχὰς διαφθείρουσι καὶ ταύτης ὄμματα τυφλώττουσιν. fr. 103 bei Maximus Tyrius XIII p. 54. Vgl. 12.

104   Rinnrck,

16. Πιθήκου ὀργὴν καὶ κόλακος ἀπειλὴν ἐν ἴσῳ θετέον. fr. 104 ebenda.

Favorinus:

17. Ὥσπερ ὁ Ἀκταίων ὑπὸ τῶν τρεφομένων ὑπ' αὐτοῦ κυνῶν ἀπέθανεν, οὕτως οἱ κόλακες τοὺς τρέφοντας κατεσθίουσιν. Stobaeus floril. XIV 12 (vgl. 11). Zeller Philos. d. Gr. V 51.

Klearchos:

18. Κόλαξ μὲν οὐδεὶς διαρκεῖ πρὸς φιλίαν· καταναλίσκει γὰρ ὁ χρόνος τὸ τοῦ προσποιήματος αὐτῶν ψεῦδος. ὁ δ' ἐραστὴς κόλαξ ἐστὶ φιλίας δι' ὥραν ἢ κάλλος. Aus dem ersten Buch der Ἐρωτικά bei Athenaeus VI p. 255 B.

Pythagoras:

19. Χαῖρε τοῖς ἐλέγχουσί σε μᾶλλον ἢ τοῖς κολακεύουσιν· ὡς δ' ἐχθρῶν χείρονας ἐκτρέπου τοὺς κολακεύοντας. Stobaeus flor. XIV 18. κατανεύουσιν verm. Meineke.

Sokrates:

20. Ἡ τῶν κολάκων εὔνοια καθάπερ ἐκ τροπῆς φεύγει τὰς ἀτυχίας.

21. Θηρεύουσι τοῖς μὲν κυσὶ τοὺς λαγωοὺς οἱ κυνηγοί, τοῖς δ' ἐπαίνοις τοὺς ἀνοήτους οἱ κόλακες.

22. Οἱ μὲν λύκοι τοῖς κυσίν, οἱ δὲ κόλακες τοῖς φίλοις ὄντες ὅμοιοι ἀνομοίων ἐπιθυμοῦσιν.

23. Ἔοικεν ἡ κολακεία γραπτῇ πανοπλίᾳ, διὸ τέρψιν μὲν ἔχει, χρείαν δὲ οὐδεμίαν παρέχεται. 20—23 Stobaeus floril. XIV 21—24.

Sotion:

24. Οἱ δελφῖνες μέχρι τοῦ κλύδωνος συνδιανήχονται τοῖς κολυμβῶσι, πρὸς δὲ τὸ ξηρὸν οὐκ ἐξοκέλλουσιν· οὕτως οἱ κόλακες ἐν εὐδίᾳ παραμένουσιν, ὡς καὶ οἱ τοὺς φίλους εἰς ἀποδημίαν προπέμποντες μέχρι τῆς λείας συμπαρακολουθοῦσιν, ἐπειδὰν δὲ εἰς τραχεῖαν ἔλθωσιν, ἀπίασιν. Stobaeus floril. XIV 10: Σωτίωνος ἐκ τοῦ περὶ ὀργῆς. Vgl. Zeller Philos. d. Gr. IV 605 A. 3.

Bias:

25. Ὁ Βίας ἀπεκρίνατο .. τῷ πυθομένῳ τί τῶν ζῴων χαλεπώτατόν ἐστιν ... ὅτι τῶν μὲν ἀγρίων ὁ τύραννος, τῶν δ' ἡμέρων ὁ κόλαξ. Plutarch φίλος und κόλαξ p. 61 C. Als Scherzwort des Pittakos zu Myrsilos im Gastmahl der 7 Weisen p. 147 B bezeichnet. In etwas veränderter Fassung dem Diogenes beigelegt von Laertius Diogenes VI 2, 51: ἐρωτηθεὶς τί τῶν θηρίων κάκιστα δάκνει, ἔφη, τῶν μὲν ἀγρίων συκοφάντης, τῶν δὲ ἡμέρων κόλαξ.

Krates:

26. Κράτης πρὸς νέον πλούσιον πολλοὺς κόλακας ἐπισυρόμενον "νεα-
νίσκε" εἶπεν, "ἐλεῶ σου τὴν ἐρημίαν". Stobaeus flor. XIV 20. Der
Kyniker ist gemeint.

Lykurgos:

27. Καὶ τὸ μὲν μύρον ἐξήλασεν ... τὴν δὲ βαφικὴν ὡς κολακείαν
αἰσθήσεως. Plutarch apophth. Lacon. Lyc. 18 p. 228 B.

IX.

Die Uebertragungen des Begriffs der κολακεία auf andere
Lebensverhältnisse gehen aus von der Platonischen Auffassung, welche
jedes auf Bewirkung von χάρις und ἡδονή gerichtete Streben (Rhetorik
und Sophistik, Koch- und Toilettenkunst) als κολακεία bezeichnet[1]).
Für die Komödie kommt neben der geheuchelten Freundschaft vor
Allem die Liebe in Betracht: die verführerischen Lockungen der
Hetäre, die gleissnerische Beflissenheit, die *lenocinia*[2]) des Kupplers
(der im Rudens 126 als *palpator* charakterisirt wird) und der Kupplerin,
selbst die Huldigungen des Liebhabers dem Mädchen gegenüber
erinnern an die Künste des κόλαξ. 'Blanditiis vult esse locum Venus
ipsa' versichert Tibull I 4, 71; 'blanditia, non imperio fit dulcis Venus' heisst es in den Sprüchen des Syrus (56); Blanditiae begleiten (nach Ovid amor. I 2, 35) den Triumphwagen des Amor. Das
θωπικόν, welches Weibern von Natur eigen ist[3]), wird bei der Buhlerin
von selbst zum κολακευτικόν. So schildert sie Ephippos in der
Ἐμπολή fr. 6:

ἔπειτά γ' εἰσιόντ', ἐὰν λυπούμενος
τύχῃ τις ἡμῶν, ἐκολάκευσεν ἡδέως,
ἐφίλησεν οὐχὶ συμπιέσασα τὸ στόμα
ὥσπερ πολέμιον, ἀλλὰ τοῖσι στρουθίοις
χανοῦσ' ὁμοίως, ᾖσε, παρεμυθήσατο,
ἐποίησε θ' ἱλαρὸν εὐθέως τ' ἀφεῖλε πᾶν
αὐτοῦ τὸ λυποῦν κἀπέδειξεν ἵλεων.

---

1) Gorgias c. 18 ff.

2) Der grade Stab, welchen der πορνοβοσκός auf der komischen Bühne trug,
hiess ἄρεσκος: Pollux IV 120 Hesychius s. v.

3) Vgl. mit dem Folgenden was Philokleon in den Wespen 605 ff. von Frau
und Tochter rühmt.

Die Überlegenheit der Hetäre in diesem Punkt gegenuber dem ehrbaren Mädchen betont Menandros inc. fab. fr. 554:

χαλεπὸν, Πάμφιλε,
ἐλευθέρᾳ γυναικὶ πρὸς πόρνην μάχη.
πλείονα κακουργεῖ, πλεῖον᾽ οἶδ᾽, αἰσχύνεται
οὐδέν, κολακεύει μᾶλλον.

Die schmeichelnden Locktöne der beiden Buhlschwestern in der
ersten erhaltenen Scene der Bacchides sind nicht weniger in dem
flüssigen Rhythmus wie in liebkosenden Worten (V. 27: 'cor meum,
spes mea, Mel meum, suavitudo cibus gaudium') ausgeprägt, z. B.
V. 82 ff.:

lóens hic apud nos, quamvis subito venias, semper liber est.
ubi voles tu tibi esse lepide, mea rosa, mihi dicito:
da tu qui bene sit, ego ubi sit tibi locum lepidum dabo

Milphidippa und Acroteleutium vereinigen sich mit Palaestrio (mil.
gl. IV 2. 5) zu einem wahren Concert der κολακεία dem miles gegenuber. Auch die Magd Astaphium im Truculentus versteht sich auf
'blandimenta meretricia' (318). Der Liebhaber ist eine feindliche
Stadt, die erobert werden muss (Truc. 169); man gewinnt ihn, wie
man Fische fängt[1] und Vögel stellt[2]; er beisst an[3], geht ins Netz[4],
geht auf den Leim[5]. So lange er frisch, schmackhaft, bemittelt ist,
wird er umschmeichelt; ist er ausgebeutelt, so wird er zu den Todten
geworfen:

áliam nunc mi orationem despoliato praedicas,
áliam atque olim, quom inliciebas me ad te blande ac benedice.
tum mi aedes quoque adridebant, quom ad te veniebam, tuae.
me únice unum ex omnibus te atque illam amare aibas mihi.
ubi quid dederam, quasi columbae pulli in ore ambae meo
úsque eratis: meo de studio studia erant vostra omnia.

1) Bacch. 102: 'quia piscatus meo quidem animo hic tibi hodie evenit
bonus'. Ausgeführt in Trucul. 35 ff., in andrer Wendung Asin. 178 ff.

2 Vergleich mit aucupium, ausgeführt von der lena in Asinaria 215 ff.

3) hamum vorat: Truc. 42.

4' si inierit rete piscis: Truc. 37.

5) Bacch. 50: viscus merus vostrast blanditia. 1158: lactus sum vehemen-
ter visco.

úsque adhaerebatis: quod ego iusseram, quod volueram
fáciebatis: quod nolebam ac volueram, de industria
fúgiebatis neque conari id facere audebatis prius.
núnc neque quid velim neque nolim facitis magni, pessumae ¹).

Es sind die wohlbekannten Züge der χολαχεία.

Auch der Liebhaber muss sich auf diese Künste verstehen:
ἔπειτα φοιτῶν καὶ κολακεύων (ἐμέ τε καὶ) Τὴν μητέρ᾽ ἔγνω με, erzählt
eine Schöne bei Menandros inc. fab. 550. Warnend sagt die alte
Syra in der Hecyra 68 zur Philotis: 'nam némo illorum quisquam,
scito, ad te venit, Quin íta paret sese, abs te ut blanditiis suis Quam
mínimo pretio suam voluptatem expleat'. Eingehender schildert die
Kupplerin in der Asinaria V. 181 die Beflissenheit des werbenden
Galans:

> Ís dare volt, is se aliquid posci: nam ibi de pleno promitur,
> néque ille scit quid det, quid damni faciat: illi rei studet:
> vólt placere sese amicae, volt mihi, volt pedisequae,
> vólt famulis, volt etiam ancillis, id quoque iam, catulo meo
> súbblanditur novos amator, se ut quom videat gaudeat.

Am vollständigsten sind die Weisungen, welche Ovid ²) seinem Schüler
in der Liebeskunst ertheilt: wie er als Zuschauer im Circus sich für
die Partei erklären soll, welcher die schöne Nachbarin günstig ist
(I 146), und beim Aufzug der Epheben der Venus Beifall klatschen
soll (147 f.). Es werden ihm die nämlichen kleinen officia einge-
schärft, durch welche, wie wir sahen, der χόλαξ auch seinem Brodherrn sich als dessen ἐραστής darzustellen sucht:

> utque fit, in gremium pulvis si forte puellae
> deciderit, digitis excutiendus erit;
> et si nullus erit pulvis, tamen excute nullum:
> quaelibet officio causa sit apta tuo.

---

1) Argyrippus zur lena in Asinaria 204 ff. Vgl. Trucull. 161 ff., dort Astaphium
163: 'dum vivit hominem noveris; ubi mortuost, quiescat: Te dum vivebas, noveram',
und dann 175 ff. der veränderte Ton, da Diniarchus erklärt: 'sunt mi etiam fundi
et aedis'. Vgl. auch Trabea fr. I. Plutarch Mor. p. 821 F: αἱ δ᾽ ἀπὸ θεάτρων
... ψευδώνυμοι τιμαὶ καὶ ψευδομάρτυρες ἑταιρικαῖς ἐοίκασι κολακείαις· ὄχλων ἀεὶ
τῷ διδόντι καὶ χαριζομένῳ προσμειδιώντων ἐφήμερόν τινα καὶ ἀβέβαιον δόξαν.

2) Ihm ging Tibull mit 'Veneris praecepta' für Knabenliebhaber voraus: I 4.

pallia si terra nimium demissa iacebunt,
collige et immunda sedulus effer humo.

· · ·

159   parva levis capiunt animos. fuit utile multis
     pulvinum facili composuisse manu.
     profuit et tenui ventos movisse tabella
     et cava sub tenerum scamna dedisse pedem[1].

Wenn dann der Triumphzug kommt, soll er dem Mädchen auf alle
ihre Fragen nach den Namen der Könige, der Gegenden, Berge und
Flüsse prompten Bescheid geben (221 f.): 'omnia responde, nec tantum
si qua rogabit: Et quae nescieris, ut bene nota refer'. Ferner die
Anweisungen über das Verhalten beim Trinkgelage (569 ff.) nach der
Methode des δεύτερα λέγειν καὶ ποιεῖν, 583: 'sive erit inferior seu
par, prior omnia sumat, Nec dubites illi verba secunda loqui'.

Um aber die erworbene Gunst zu behaupten, selbst die Spröde
geschmeidig zu machen, ist für den unbemittelten Liebhaber, der
nicht immer schenken kann, erste Bedingung obsequium[2]):

197   cede repugnanti: cedendo victor abibis.
     fac modo quas partis illa iubebit agas.
     arguet, arguito. quidquid probat illa, probato.
200   quod dicet, dicas. quod negat illa, neges.
     riserit, adride. si flebit, flere memento.
     imponat leges vultibus illa tuis.
     seu ludet numerosque manu iactabit eburnos,
     tu male iactato, tu male iacta dato u. s. w.
209   ipse tene distenta suis umbracula virgis,
     ipse fac in turba, qua venit illa, locum.
     nec dubita tereti scamnum producere lecto
     ⌐ et tenero soleam deme vel adde pedi u. s. w.
223   iussus adesse foro iussa maturius hora
     fac semper venias, nec nisi serus abi.

---

[1] S. oben S. 57. Die praktische Ausführung dieser Weisungen war bereits
in den Amores III 2 vorausgenommen.

[2] II 177 ff. 197 ff. Tibull I 4, 39: 'tu puero quodcumque tuo temptare
libebit, Cedas: obsequio plurima vincit amor. Neu comes ire neges'
u. s. w. Vgl. oben S. 50.

'occurras aliquo' tibi dixerit, omnia differ:
curre, nec inceptum turba moretur iter u. s. w.

250 nec pudor ancillas, ut quaeque erit ordine prima,
nec tibi sit servos demeruisse pudor.
nomine quemque suo (nullast iactura) saluta,
iunge tuis humiles, ambitiose, manus u. s. w.

Auch kleine Geschenke, Erstlinge des Gartens u. a. sind wohl
angebracht (261 ff.). Vor Allem natürlich muss der Liebhaber nicht
ermüden die Schönheit und die Gaben seiner Erwählten zu bewun-
dern (295 ff.):

297 sive erit in Tyriis, Tyrios laudabis amictus,
sive erit in Cois, Coa decere puta u. s. w.

303 bracchia saltantis, vocem mirare canentis,
et quod desierit verba querentis habe[1]) u. s. w.

Nur darf sein Lob nicht gemacht und geheuchelt erscheinen:

311 tantum ne pateas verbis simulator in illis
effice nec vultu destrue dicta tuo.
si latet ars, prodest u. s. w.

Schmähungen und selbst Schläge soll er geduldig ertragen:

333 nec maledicta puta nec verbera ferre puellae
turpe nec ad teneros oscula ferre pedes u. s. w.

Nimmermehr halte er dem Mädchen körperliche Fehler vor (641 ff.),
vielmehr beschönige er sie durch wohlklingende Euphemismen[2])
u. s. w.

---

1) Vgl. oben S. 13.
2) 657 ff. Vgl. oben S. 46 f. Grade das Gegentheil solcher κολακεία, freilich hinter dem Rücken der Geliebten zu begehen, empfiehlt Ovid in den remedia
amoris solchen, die sich von der Krankheit der Liebe befreien wollen, 315 ff.:
profuit adsidue vitiis insistere amicae,
idque mihi factum saepe salubre fuit.
'quam mala' dicebam 'nostrae sunt crura puellae!'
nec tamen, ut vere confiteamur, erant.
'bracchia quam non sunt nostrae formosa puellae!'
et tamen, ut vere confiteamur, erant.
'quam brevis est!' nec erat. 'quam multum poscit amantem!'
haec odio venit maxima causa meo.
et mala sunt vicina bonis, errore sub illo
pro vitio virtus crimina saepe tulit.

Vom κόλαξ unterscheidet sich der ἄρεσκος wesentlich durch die Uneigennützigkeit seines Charakters[1]. Alles lobend, jeden Gegensatz und alles Unangenehme im Verkehr mit Menschen vermeidend[2], aller Welt Freund ist er mit keinem Einzigen wahrhaft befreundet[3]. Sein Gegenpol ist nach Aristoteles[4] der Grobian (δύσκολος), nach Eudemos[5] der Arrogante (αὐθάδης): in Verbindung mit diesen Charakteren wird er näher zu behandeln sein. Verwandt mit ihm ist der römische scurra, doch ist dessen eigentlicher Antipode der Bauer (ἄγροικος, rusticus): auch dieser Typus bleibt daher einer späteren Betrachtung vorbehalten.

X.

Theophrasti characterum caput II.

κολακείας[6].

Τὴν δὲ κολακείαν ὑπολάβοι ἄν τις ὁμιλίαν αἰσχρὰν εἶναι, συμφέρουσαν δὲ τῷ κολακεύοντι, τὸν δὲ κόλακα τοιοῦτόν τινα, ὥστε ἅμα πο-

> qua potes, in peius dotes deflecte puellae
>   indiciumque brevi limite falle tuum.
> turgida, si plenast, si fuscast, nigra vocetur;
>   in gracili macies crimen habere potest.
> et poterit dici petulans, quae rustica non est;
>   et poterit dici rustica, siqua probast.

Die praktische Anwendung der hier empfohlenen Heilmethode ist von Catull anticipirt in den Spottversen auf die Mantuana (? Ameana die Hdschr.) puella c. 41. 43; vgl. auch c. 86; Horaz carm. IV 13. epod. 8.

1) Aristoteles eth. Nicom. II 7 p. 1108 A: περὶ δὲ τὸ λοιπὸν ἡδὺ τὸ ἐν τῷ βίῳ ... ὁ δὲ ὑπερβάλλων (im ἡδὺ), εἰ μὲν οὐδενὸς ἕνεκα, ἄρεσκος. IV 12 p. 1127 A: ὁ μὲν τοῦ ἡδὺς εἶναι στοχαζόμενος μὴ δι' ἄλλο τι ἄρεσκος.

2) Aristoteles eth. Nicom. IV 12 p. 1126 B: ἐν δὲ ταῖς ὁμιλίαις καὶ τῷ συζῆν καὶ λόγων καὶ πραγμάτων κοινωνεῖν οἱ μὲν ἄρεσκοι δοκοῦσιν εἶναι οἱ πάντα πρὸς ἡδονὴν ἐπαινοῦντες καὶ οὐδὲν ἀντιτείνοντες, ἀλλ' οἰόμενοι δεῖν ἄλυποι τοῖς ἐντυγχάνουσιν εἶναι.

3) Aristoteles a. O. IX 10 p. 1171 A: οἱ δὲ πολύφιλοι καὶ πᾶσιν οἰκείως ἐντυγχάνοντες οὐδενὶ δοκοῦσιν εἶναι φίλοι, πλὴν πολιτικῶς, οὓς καὶ καλοῦσιν ἀρέσκους.

4) Eth. Nicom. II 7 (oben S. 17). 5) Eth. Eudem. III 7.

6) Usus sum libris manuscriptis hisce: Parisinis n. 2977 saeculi X vel XI = A, n. 1983 saec. X = B; Laurentianis saec. XV plut. 60, 18 = F, plut. 60, 25 = f. plut. 86, 3 = φ; Marciano 513 saec. XV = M; Rhedigerano 22 saec. XV = R. Consensum librorum siglo signavi O. Ex his

ρευόμενον εἰπεῖν ,,ἐνθυμῇ, ὡς ἀποβλέπουσι πρὸς σὲ οἱ ἄνθρωποι·
τοῦτο οὐδενὶ τῶν ἐν τῇ πόλει γίνεται πλὴν σοί· ἠυδοκίμεις χθὲς ἐν
τῇ στοᾷ·" πλειόνων γὰρ ἢ τριάκοντα ἀνθρώπων καθημένων καὶ ἐμ- 5
πεσόντος λόγου, τίς εἴη βέλτιστος, ἀπ' αὐτοῦ ἀρξαμένους πάντας ἐπὶ
τὸ ὄνομα αὐτοῦ κατενεχθῆναι· καὶ ἅμα τοιαῦτα λέγων ἀπὸ τοῦ ἱματίου ἀφελεῖν κροκύδα· καὶ ἐάν τι πρὸς τὸ τρίχωμα τῆς κεφαλῆς ὑπὸ
πνεύματος προσενεχθῇ ἄχυρον, καρφολογῆσαι· καὶ ἐπιγελάσας δὲ εἰπεῖν
,,ὁρᾷς; ὅτι δυοῖν σοι ἡμερῶν οὐκ ἐντετύχηκα, πολιῶν ἔσχηκας τὸν 10
πώγωνα μεστὸν, καίπερ, εἴτις καὶ ἄλλος, ἔχεις πρὸς τὰ ἔτη μέλαιναν
τὴν τρίχα"· καὶ λέγοντος δὲ αὐτοῦ τι τοὺς ἄλλους σιωπᾶν κελεῦσαι,
καὶ ἐπαινέσαι δὲ ἄδοντος, καὶ ἐπισημήνασθαι δὲ, εἰ παύσεται, ,,ὀρθῶς"·
καὶ σκώψαντι ψυχρῶς ἐπιγελάσαι, τό τε ἱμάτιον ὦσαι εἰς τὸ στόμα
ὡς δὴ οὐ δυνάμενος κατασχεῖν τὸν γέλωτα· καὶ τοὺς ἀπαντῶντας ἐπι- 15
στῆναι κελεῦσαι, ἕως ἂν αὐτὸς παρέλθῃ· καὶ τοῖς παιδίοις μῆλα καὶ
ἀπίους πριάμενος εἰσενέγκας δοῦναι ὁρῶντος αὐτοῦ, καὶ φιλήσας δὲ

contuli ipse Parisinos anno 1876, Laurentianos 2. 1882; Marciani et Rhedigerani
lectiones accuratius quam antea enotatas ex Hermanni Diels Theophrasteis Berolini
1883 editis sumpsi, atque eiusdem viri doctissimi de Parisinis testimonia quaedam
attuli, quae in meis schedis non repperissem.
3 ἀποβλέπουσιν εἰς σὲ M R φ: cf. Diels Theophrastea p. 12. οἱ om. M R
οὐθενὶ F M R φ (μηθὲν B p. 134, 10 P.: ceterum μηθενὶ p. 126, 44 μηθέν
p. 127, 25 οὐδένα p. 138, 14 A B 4 πλὴν ἢ σοὶ A φ ἢ σοί om. πλὴν) F 5 ἢ|
δ' ἢ M 7 ἅμα Needhamus ἄλλα O λέγειν A B F φ. Expectes λέγοντα ut
supra v. 4 πορευόμενον, sed nominativi etiam infra secuntur licentia structurae,
quae in ceteris capitibus nunquam admittitur, cuius nescio quae turbae textus pos-
sunt in causa fuisse. 8 κροκύδα F M R φ, item epit. v. 5. τινα φ ὑπὸ
Auberus ἀπὸ O 9 νεύματος M προσενεχθῇ F F προσηνέχθη B προσηνέχθη
A B M φ 10 δυοῖν A f ἔσχηκας] ἔσχ' A ἔχεις 11 εἴ τις καὶ
ἄλλος M R ἔχει πρὸς τὰ ἔτη M R πρὸς τὰ ἔτη ἔχεις A φ μέλαινα M
12 α' τοῦ τι] αὐτό, supraser. m. ead. τι, f 13 ᾄδοντος Reiskius: cf. mus.
Rhen. XXV 130 ἄκοντος F M R f φ ἀκόντος A ἀκούοντος (sic scriptum: ἄκτυ) B
ἀκούόν, i. e. ἀκούοντος aut ἀκούοντα, epit. v. 7 εἰ παύσηται (ῃ m. 2 corr.
in s) φ εἰ παύσαιτο Reiskius ἢν παύσηται Astius ἐπὰν παύσηται Fossius Verba
καὶ ἐπισημήνασθαι ... ὀρθῶς melius post κελεῦσαι v. 12 sequi monui mus.
Rhen. l. l. 14 σκώψαντι Cratandrea σκῶψας τί A σκώψας τί (sic scr.: σ' κ' ψ' τί)
B (σκώψαν τί A B testatur Diels.) σκώψας τί φ σκώψας τί F F σκώψας τι M R
πικρῶς B ἐπιγελάσαι F ὦσε A teste Dielsio 15 δὴ] δεῖ B teste Dielsio.
μὴ A φ τοὺς ἅπαντας φ 16 μικρὸν ἐπιστῆναι M R παιδίοις πεδίοις A
teste Dielsio. παισὶ M 17 ἀπίδια φ δὲ om. B teste Dielsio

εἰπεῖν „χρηστοῦ πατρὸς νεόττια"· καὶ συνωνούμενος κρηπῖδας τὸν πόδα
φῆσαι εἶναι εὐρυθμότερον τοῦ ὑποδήματος· καὶ πορευομένου πρός τινα
20 τῶν φίλων προδραμὼν εἰπεῖν ὅτι „πρὸς σὲ ἔρχεται" καὶ ἀναστρέψας
ὅτι „προσήγγελκα". ἀμέλει δὲ καὶ τὰ ἐκ γυναικείας ἀγορᾶς διακονῆσαι
δυνατὸς ἀπνευστί· καὶ τῶν ἑστιωμένων πρῶτος ἐπαινέσαι τὸν οἶνον·
καὶ παραμένων εἰπεῖν „ὡς μαλακῶς ἐσθίεις". καὶ ἄρας τι τῶν ἀπὸ
τῆς τραπέζης φῆσαι „τουτὶ ἄρα ὡς χρηστόν ἐστι". καὶ ἐρωτῆσαι,
25 μὴ ῥιγοῖ, καὶ εἰ ἐπιβάλλεσθαι βούλεται, καὶ εἴ τι περιστείλῃ αὐτόν·
καὶ μὴν ταῦτα λέγων πρὸς τὸ οὖς προσπίπτων διαψιθυρίζειν· καὶ
εἰς ἐκεῖνον ἀποβλέπων τοῖς ἄλλοις λαλεῖν. καὶ τοῦ παιδὸς ἐν τῷ
θεάτρῳ ἀφελόμενος τὰ προσκεφάλαια αὐτὸς ὑποστρῶσαι· καὶ τὴν οἰκίαν
φῆσαι εὖ ἠρχιτεκτονῆσθαι καὶ τὸν ἀγρὸν εὖ πεφυτεῦσθαι καὶ τὴν εἰκόνα
30 ὁμοίαν εἶναι. καὶ τὸ κεφάλαιον τὸν κόλακα ἔστι θεάσασθαι πάντα καὶ
λέγοντα καὶ πράττοντα ᾧ χαριεῖσθαι ὑπολαμβάνει.

Epitome Monacensis descripta a Dielsio p. 26.

Ἡ δὲ κολακεία συμφέρει μὲν τῷ κόλακι. ἀλλ' ὅμως αἰσχρά ἐστιν
ὁμιλία. ὁ δὲ κόλαξ τοιοῦτός τις οἷος λέγειν, ὡς ἀστεῖος εἰ καὶ περί-

18 νεοττία BF νεστία F   ἐπικρηπῖδας A ἐπὶ κρηπῖδας B ἐπὶ κρηπῖδας
FMRΓφ ἐπὶ κρηπῖδας ἐλθὼν Fossins   19 φῆσαι εἶναι] εἶναι φῆσαι A   ἔτι
εὐρυθμότερον Petersenus   πορευόμενος M   20 προσδραμών (A sine acc. teste Dielsio) φ   ἔρχομαι φ   21 ὅτι] εἰπεῖν ὅτι B   προσήγγελκας (AB teste Dielsio p. 12) φ
(fuit: προσήγγελκά τε)   δὲ om. Aφ   22 δυνατός] ἱκανῶς M   23 παραμένων]
fortasse ut familiaris manere putandus est, postquam abierunt ceteri convivae.
παραχειμένων MR: quadrat ad proxima, ubi post τῶν inseri possit. cf. quae Dielsius
disputavit p. 12.   αἰσθίεις B m. 1   τί BF τί F   25 ἐπιβαλέσθαι F ἐπι-
λαβέσθαι F   εἴ τι] ἐπὶ B ἔτι FMRΓφ   περιστείλῃ Kayserus περιστείλῃ AB
περιστείλαι M περιστεῖλαι FR (περιστείλαι voluerunt) περιστείλας φ   26 μὴν]
μὴ ABφ   λέγ⁻, h. e. λέγων et λέγειν m. eadem, A   προσπίπτων BFMRΓφ
διακίπτων, m. eadem προς supraser., A προσκύπτων Valckenaer   διαψιθυρίζειν
solus A ψιθυρίζειν ceteri: de librorum A et B discrepantia disputavit Dielsius p. 8
    27 εἰ] ὡς φ   παιδὸς] δούλου R, supra παιδὸς supraser. M   28 ἀφελόμενος]
ἐν τὰ θπροσκεφάλαια φ: volebat librarius ἐν τῷ θεάτρῳ repetere, sed agnovit er-
rorem.   29 ἀρχιτεκτονῆσθαι F ἠρχειετοκτονῆσθαι 'super prius x scr. χ) M
ἄρχεσθαι τεκτονεῖσθαι R   30 πάντα λέγοντα F   31 ᾧ ut in Byzantino feren-
dum esse dicit Diels p. 12. ᾧ B οἷς FΓφ ἃ MR: scribi possit δι' ὧν, vide epit.
v. 11.   ὑπολαμβάνω (μ ex corr.) M.
    Cohaerebant olim v. 21—21 ἀμέλει .... χρηστόν ἐστι cum v. 28—30 καὶ
τὴν οἰκίαν ... εἶναι: praeterea sic illa ordinanda: v. 27 sq. καὶ τοῦ παιδὸς ...

βλεπτος καὶ ἀπλῶς εἰπεῖν πάντων ζηλωτότατος καὶ ὅσα τοιαῦτα. ἔργα δὲ τὸ ἀφελεῖν ἀπὸ τοῦ ἱματίου κροκύδα· καὶ οἷον καρφολογεῖν τὸ ἐκείνου τρίχωμα· ἔτι ὑπομειδιῶντα εἰπεῖν ὡς ἔναγχος ὀφθείς μοι 5 ἀστεῖος νῦν δοκεῖς μοι πολὺς τὴν τρίχα· καὶ σιωπᾶν ἐντέλλεσθαι τοὺς λοιποὺς τοῦ κολακευομένου λέγοντος καὶ ἐπαινεῖν ἀκούοντος· καὶ τοὺς ἀπαντῶντας ἐπέχειν· καὶ τοῖς ἐκείνου παιδίοις τραγήματα προσφέρειν· καὶ μακαρίζειν τὸν γεννήσαντα· καὶ προδραμεῖν ἀγγέλλοντα τὴν ἐκείνου παρουσίαν καὶ αὖθις ἐπανακάπτειν· καὶ ἐθέλειν ὑπουργεῖν ἐπέχοντα τοὺς 10 ἐκείνου δούλους· καὶ ἁπλῶς τοσαῦτα καὶ λέγειν καὶ πράττειν δι' ὅσων νομίζει χαριεῖσθαι.

ὑποστρῶσαι, v. 24—27 καὶ ἐρωτῆσαι . . . λαλεῖν. tum v. 15 sq. καὶ τοὺς . . . παρέλθῃ, 19—21 καὶ πορευομένου . . . προσήγγελκα. Ceterum v. 16—18 καὶ τοῖς παιδίοις . . . νεόττια plane ex ἀρέσκου moribus depicta sunt (vide p. 127, 13 sqq. P.), nec ab eodem aliena v. 22—24 καὶ τὸν ἐπιτιμῶντων . . . χρηστόν ἐστι et v. 28—30 καὶ τὴν οἰκίαν . . . ὁμοίαν εἶναι, quamquam ἰδυλόγου omnia sunt.